AF394983

LES
RÉFORMATEURS
DE GENÈVE

PAR

LE P. V. MARCHAL

Curé libéral de Carouge et de la Chaux-de-Fonds

TOUS DROITS RÉSERVÉS

PRIX : UN FRANC

LYON

LIBRAIRIE CHARLES MÉRA

15, rue de Lyon, 15

ET CHEZ TOUS LES LIBRAIRES

1876

LES
RÉFORMATEURS
DE GENÈVE

PAR

LE P. V. MARCHAL

Curé libéral de Carouge et de la Chaux-de-Fonds

PRIX : UN FRANC

LYON
LIBRAIRIE CHARLES MÉRA
15, rue de Lyon, 15

ET CHEZ TOUS LES LIBRAIRES

1876

AVANT-PROPOS

Au risque de froisser beaucoup d'amours-propres, et de m'exposer à bien des représailles, je veux raconter avec une franchise que je crois impartiale, les faits douloureux dont j'ai été l'acteur, le complice ou le témoin. Je veux faire connaître, sans vouloir m'excuser moi-même, et sans vouloir flatter des adversaires que j'ai longtemps combattus, les fameux prêtres qui, en Suisse, et surtout à Genève, ont osé se poser comme Réformateurs.

Ma conscience indignée m'oblige à cet épanchement qui n'est à ses yeux qu'un acte de justice, et qui peut devenir un enseignement salutaire. On verra, par ce récit, d'une parfaite exactitude, que si les grandes œuvres se fondent par le sacrifice, les causes les plus belles en apparence doivent s'attendre à tomber sous le ridicule quand leurs apôtres n'ont d'autre souci que celui de jouir. Le christianisme eut pour berceau la croix du Golgotha ; c'est pour cela qu'il est jeune encore après dix-huit siècles de conquêtes et de combats. La petite église de Genève, à peine éclose, tomba flétrie sous le mépris parce qu'elle avait eu pour berceau l'alcove de quelques prêtres impatients.

A ceux qui me reprocheraient cette notice comme une trahison, je réponds d'avance que je ne fais que me défendre, et qu'on peut être sincère sans être renégat. Je crois avoir assez souffert pour la liberté ; et si j'ai trompé l'attente des libéraux de Genève, c'est pour avoir été le premier trompé.

Lyon, 20 octobre 1876.

I

Arrivé à Genève le 16 septembre 1873, je m'empressai d'aller voir, le jour même, le P. Hyacinthe dont j'avais admiré l'éloquence, mais dont j'ignorais absolument le caractère. Le réformateur habitait alors, sur les bords du Léman, une délicieuse villa toute meublée, qui avait été mise à sa disposition par M. le procureur général Turretini. Après m'être fait raser, par respect pour Mme Loyson, je m'acheminai tout pensif et un peu indécis vers la douce retraite où l'ancien conférencier de Notre-Dame abritait alors ses rêves et ses félicités conjugales.

Cette retraite était si bien cachée dans la verdure et les fleurs que je dus me la faire indiquer deux ou trois fois avant de la découvrir. Je montai d'un pas un peu militaire la rampe qui aboutissait à la porte vitrée du salon, et j'entrai dans le sanctuaire avec une émotion qui dut me rendre très-gauche. Le *Père* était là en compagnie de deux dames, dont la plus âgée vint à ma rencontre pour me repousser, en me disant que la porte d'entrée était au côté nord de la maison. Je descends l'escalier un peu surpris, je vais sonner à la porte indiquée, et je suis introduit dans la salle d'attente.

Je restai là trente-cinq minutes. Une simple porte me séparait du salon où la plus jeune dame lisait des vers. « C'est délicieux ! » disait le *Père* ; « c'est exquis ! » disait la mère. « C'est *emlétant !* » me disais-je, en arpentant la salle dans tous les sens. Quel aristocrate que ce moine devenu bourgeois ! Et moi qui n'ai quitté la France que pour me soustraire au joug d'une hiérarchie dont le despotisme m'indignait ! Les hommes seraient-ils partout les mêmes ?... N'y tenant plus, je saisis mon chapeau, et je me disposais à sortir, quand un homme très-myope vint à moi me demandant mon nom : C'était le P. Hyacinthe.

« Vous venez pour vous marier ? » me dit-il presqu'à brûle-pourpoint. — Nous verrons cela plus tard, mon Père ; pour le moment je fuis le *Syllabus, l'ordre moral,* et je viens respirer l'air pur de la liberté. — Mais enfin, vous aimez une femme qui vous aime, et vous pensez bien l'épouser ? — Est-ce que c'est de rigueur pour être un de vos ouvriers ? — De rigueur, non, mais le célibat est très-mal vu dans ce pays. — C'est très-encourageant, mais je doute qu'en France on voie d'aussi bon œil le mariage des prêtres, et j'ai bien peur qu'on ne se moque de nous. — Est-ce possible que l'opinion s'égare de la sorte ? — Non-seulement c'est possible, mais c'est sûr : les indifférents eux-mêmes ne prendront jamais au sérieux un prêtre marié. — Eh! bien, nous ne sommes plus en France, mais en Suisse. Voici l'adresse de MM. Hurtault et Chavard ; allez les voir, ils sauront bien vous persuader.

Là-dessus je pris congé du Père qui alla rejoindre

ses dames. J'étais comme un homme à demi-éveillé, qui se demande s'il rêve encore, en sortant de cette première entrevue. Je suivais tout pensif le bord du lac dont les eaux bleues recevaient du soleil couchant une teinte dorée. Mon âme était en proie à deux sentiments contraires. D'un côté, ce grand carme devenu M. Loyson, époux de Mme Merriman, et ne me parlant que des douceurs de l'hymen, me semblait un ange déchu. Il avait perdu à mes yeux les trois quarts de son prestige, et je me demandais s'il y avait dans ce bourgeois éloquent, l'étoffe d'un réformateur ? D'autre part, je songeais à une âme charmante, aux idées larges, qui m'avait écrit un jour cette phrase significative : « Je bénirais le *Syllabus* et le *Concile*, si, à force d'entasser absurdités sur absurdités, ils vous chassaient de l'Eglise romaine, et vous poussaient comme un grand proscrit sur mon cœur. » Il me semblait alors que le Père avait raison, et qu'en suivant ses doux conseils, je verrais une transformation charmante s'opérer dans mon existence... Après tout, me disais-je, le célibat n'est pas seulement incommode, il est absurde. Le Créateur a dit : « Il n'est pas bon que l'homme soit seul, » et je ne vois pas de quel droit les papes se sont permis de contredire la parole de Dieu. Ce soir-là ma prière fut criblée de distractions, et la nuit fut parsemée de rêves qui prenaient toutes les couleurs...

II

Le lendemain je me rendis avec empressement à l'adresse indiquée pour faire connaissance avec mes nouveaux confrères. Je fus parfaitement accueilli par la maîtresse de pension, et par sa fille qui me parut un peu coquette. La maison était confortable mais un peu trop propice aux épanchements.

M. Chavard me plut assez par sa bonhomie et me divertit beaucoup par ses confidences. Comme le bon *Père* il entama d'abord la question du mariage, et me démontra d'une manière presque scientifique ou médicinale que le célibat est impossible. Pour lui, disait-il, c'était la seule raison qui l'amenait à Genève, avec les scrupules que lui causait le dogme nouveau de *l'infaillibilité*. Il me raconta que depuis bien des années il aimait un *ange*, et que cet ange, de 40 ans, l'aimait ; que sa conscience était inquiète, et qu'il voulait la calmer. En l'écoutant avec le plus vif intérêt, je me disais tout bas : « comme cette infaillibilité est arrivée à point pour dénouer cette situation compliquée ! »

Il me montra le livre qu'il préparait depuis quinze ans pour prouver la légitimité et la nécessité du mariage des prêtres. Mais malgré tout, il se sentait bien embarrassé. Sa sœur, qui était religieuse à Marseille, lui écrivait chaque jour une lettre terrible pour lui prouver qu'il serait damné. Elle lui envoyait de vraies thèses théologiques pour lui démontrer que hors de l'Eglise romaine il n'y a pas de salut. M. Chavard était inquiet à force d'être attendri. Mais l'*ange*, qui ne s'endormait pas, arrivait à son secours par des lettres de huit pages, d'une écriture très-fine. L'ange parlait amour, et la théologie devait être fatalement vaincue.

L'heureuse fiancée vint prendre une carte de séjour pour ne pas perdre de temps. Six mois plus tard, M. Chavard avait échangé son titre de soupirant contre celui d'époux. A l'époque voulue, sa femme lui donna, du même coup, un petit garçon et une petite fille.

M. Hurtault, plus jeune que M. Chavard, m'inspira, dès le premier moment, une invincible antipathie. Très-froid, très-content de lui-même, il avait l'air d'affecter une pitié dédaigneuse pour le commun des mortels. Son regard semblait vous dire : « que vous êtes bête à force d'être naïf ! » Au physique, je l'aurais pris pour un cocher anglais. Au moral, il me produisait la sensation que l'on éprouve au contact d'une couleuvre. Sa parole froide et lente faisait presque supposer qu'il avait des pensées profondes. Il disait : « Je crois qu'il va pleuvoir, » du même ton qu'un vieux diplomate aurait dit : « Je crois que nous aurons la guerre. » Il avait été secrétaire intime de Mgr Guibert, alors archevêque de Tours. M. Hurtault avait pris dans ces nobles fonctions cet air empaillé qui le faisait presque prendre au sérieux. On prétend que l'archevêque en apprenant le départ de son secrétaire pour Genève, se contenta de prononcer froidement ce petit panégyrique : « J'avais toujours pensé que ce petit p... finirait comme cela. »

Au moment de me mettre à table avec lui, je me permis de dire discrètement mon *Benedicite*. Il me dit avec un sourire ironique : « Vous en êtes encore à ces coutumes barbares ? » Il avait un procédé moins barbare et plus sacerdotal que celui de dire son *Benedicite :* Ce procédé consistait à lisser, devant la compagnie, les tresses de sa voisine.

Voilà l'homme que j'avais presque vénéré de loin, sur la foi du grave *Journal de Genève*, qui l'appelait le *vénérable chanoine Hurtault*.

Les premières élections se firent le 12 octobre : MM. Loyson, Chavard et Hurtault furent élus curés de Genève par 1250 électeurs, et on les mit, quelques jours après, en possession de l'église Saint-Germain. Quoique curés et salariés comme tels, ces messieurs trouvaient très-commode de me déléguer pour faire les enterrements. Emu de compassion pour des hommes si occupés de leurs fiancées, je me laissai séduire et je leur demandai le livre des funérailles. Ce livre ne se trouva point, et je fus obligé de réciter les prières par cœur en feignant de les lire sur un Nouveau Testament.

Le lendemain, au moment où je causais avec un journaliste, je saisis au vol quelques propos comme ceux-ci : « Ils vont bien les réformateurs ! ils sont trois chez un ex-comptable qui a volé la caisse... et il paraît qu'on ne roucoule pas mal dans ce colombier... » Rentré à la maison, je dis à Madame d'un ton grave : « Vous voudrez bien régler ma note pour demain matin. » M. Chavard me suivit, et nous laissâmes M. le *Chanoine* maître absolu de la place.

III

Celui qui m'avait donné l'éveil par ses propos était un Parisien de la plus belle eau, plein d'esprit, de talent, et fort peu scrupuleux sur le chapitre des plaisirs défendus. Je le priai, le lendemain, d'être assez bon pour s'expliquer plus clairement : il s'y prêta de bonne grâce, et ses révélations me parurent si graves que je le conduisis au P. Hyacinthe. Celui-ci crut devoir avertir M. Hurtault, mais il ne réussit qu'à l'irriter, et la dispute prit les proportions d'un scandale.

« Si votre œuvre périclite, me dit à ce propos mon aimable Parisien, ce sera, croyez-le bien, grâce au mariage trop hâtif de vos prêtres. L'opinion n'est pas bête, et les libres-penseurs eux-mêmes ne peuvent s'empêcher de rire quand ils voient ces fameux prêtres commencer une réforme en allumant le flambeau de l'Hyménée. Et puis, quel sera le sort de ces bébés de sacristie, qui seront considérés comme bâtards par la loi française?... »

J'étais sous l'impression de ces propos, quand je reçus de ma sœur chérie une lettre qui se terminait ainsi : « Faut-il te l'avouer, mon frère? Malgré la tendresse dont mon cœur déborde pour toi, peut-être à cause d'elle, j'aimerais mieux te savoir *mort* que marié. »

Ces accents me remuaient le cœur, mais ne m'empêchaient pas de trouver l'exil très-amer et la vie très-pesante. Je ne pouvais chercher la moindre consolation auprès de mes confrères : ils étaient trop absorbés par leurs rêves de bonheur. La haute société genevoise nous était hermétiquement fermée, et M. Loyson seul avait le privilége d'y fourrager. Je trouvais bien quelques distractions au contact des principaux membres du comité central, mais les camarades ne sont pas des amis. Or, j'avais besoin d'un ami qui comprît mes angoisses intimes et partageât mon idéal; mais cet ami que je cherchais était introuvable. Je me surprenais donc à regretter ma chaumière, ma famille et mon chien. Mais je songeais aussi au régime qui pesait sur la France et aux avanies dont je serais l'objet si je m'avisais d'y rentrer.

Cependant, Mme Loyson avait donné à son nouveau mari un délicieux garçon que l'on appelait le *petit moine*. Elle avait reçu, à cette occasion, une multitude de cadeaux de la part des bonnes âmes sympathiques à l'œuvre. Les catholiques eux-mêmes voulurent apporter leur tribut. Mme Loyson reçut *franco* et déballa en ma présence un carton qui contenait un bébé habillé en carme. Rien ne manquait au costume : ni le scapulaire, ni le chapelet, ni la ceinture, où on lisait en lettres d'or : *Au pauvre diable !*

S'il était pauvre, il n'y paraissait guère, car le personnel de Mme Loyson se composait alors d'une cuisinière, d'une femme de chambre et d'une nourrice. Elle se faisait servir, chaque quinze jours, à domicile, cinq cents francs par le comité, sans compter ce qui lui arrivait d'Angleterre ou d'Amérique, et ce qui s'échappait de la bourse des riches orthodoxes. Le bon *Père* parlait sans cesse de sa pauvreté, sous prétexte que, comme l'auguste Pie IX, il ne vivait que d'aumônes. Le fait est que madame ne regardait pas à vingt francs pour promener le bébé en voiture, et que son grand garçon, Ralph Merriman, était toujours fort bien mis.

A l'époque où nous sommes arrivés (novembre 1873), madame, relevée de ses couches, venait de reprendre son *fauteuil* à l'église. Après l'office, elle me dit, avec le français qu'on lui connaît : « Dites à

M. Chavard que le père, le *bébé* et moi nous recevrons les amis à Trainant, de 3 à 4 heures. Vous arrangerez cela en convenance, vous comprenez ?... » Je comprenais trop que ceci voulait dire en bon français : « Dites à M. Chavard d'annoncer en chaire que les fidèles sont priés d'aller en pèlerinage à Trainant, pour rendre hommage à une nouvelle Trinité, et prouver au monde que le Père Hyacinthe a fait un coup de maître en épousant une veuve américaine. »

Quelques jours auparavant, nous avions vu arriver une nouvelle recrue dans la personne de Saint-Ange Lièvre. Ce monsieur, venu de France, avait été accueilli par Mgr Mermillod, qui l'avait nommé vicaire de Notre-Dame. Revenu de Rome, où il avait été chercher, sans l'obtenir, le titre de docteur, il avait fini par se mettre à la disposition du P. Hyacinthe. En vain, le *Courrier de Genève* le criblait de ses sarcasmes ; en vain, mon Parisien me racontait sur son compte des histoires peu édifiantes ; je continuais à le fréquenter comme un camarade. Cependant, je lui demandai un jour si c'était vrai qu'il eût tant de créanciers parmi les catholiques de Genève ?— « C'est trop vrai, me dit-il, mais quand ils m'ont avancé les sommes en question, c'était en *amis !* »

Au retour de la promenade, on me remit un billet anonyme ainsi conçu : « Si vous tenez à votre honneur, ne sortez plus avec Saint-Ange, qui n'est ni saint ni ange. S'il a de l'argent, dites-lui de payer ses dettes et de secourir certaines mères qui le maudissent. » Je froissai le billet avec indignation, comme j'ai coutume de le faire pour toutes les lettres anonymes, et je n'en dis pas un mot à Saint-Ange. Je l'accompagnai même à Chênebourg, où on l'avait prié de donner une conférence pour poser sa candidature. Il fut prodigieux. « On m'accuse, dit-il, d'avoir fait des enfants dans le canton. Eh bien ! je puis vous assurer que si ces petits innocents ont vu le jour, ce n'est pas ma faute ; ils ont été conçus, sans doute, par l'opération du Saint-Esprit !!! »

Une grimace éloquente de l'assistance accueillit ces paroles de l'orateur phénoménal, et les principaux électeurs me prièrent de lui faire comprendre qu'il eût à porter ailleurs ses accents angéliques.

Je fis la commission, en y mettant toute la délicatesse possible. Il comprit à peu près et partit pour Berne, en laissant au comité de Genève le soin d'acquitter ses notes. Il y a des gens ainsi faits : au lieu de s'inquiéter de ces misères qu'on appelle des dettes, ils laissent ce soin à leurs amis ou à leurs créanciers. M. Saint-Ange avait reçu du Ciel cette heureuse nature qui lui donnait quelque ressemblance avec certains grands seigneurs des temps passés.

Devenu curé libéral de Bienne, il a épousé une jeune protestante, après avoir, dit-on, envoyé une lettre de faire part à Pie IX. A l'entendre, il n'a consenti à goûter les joies de l'hyménée que pour céder aux conseils de ses chers paroissiens. Ceci est peut-être vrai, car un de ces fameux paroissiens, trinquant un jour avec M. Loyson, s'écria : « A la santé de la Religion, afin qu'il n'y en ait plus ! »

Heureux époux, heureux père, M. Saint-Ange emploie ses nombreux loisirs à marier ses voisins, à insulter un peu M. Herzog, curé de Berne, et à envoyer aux journaux de fort longues tartines plus ou moins odorantes. Non-seulement il justifie son mariage en s'appuyant sur ce texte de saint Paul : « il vaut mieux se marier que brûler ; » mais il mesure tous les prêtres catholiques à son aune, prétendant que tous ceux qui ont l'audace de ne point l'imiter sont autant de malheureux criminels. *M. Josse, vous êtes orfèvre.*

IV

Après le départ de S.-Ange Lièvre, j'étais à écrire dans ma chambre, quand je vis entrer un homme grand, boutonné jusqu'au menton, qui me dit ceci d'un ton grave et sans s'arrêter, comme s'il récitait une leçon : « Monsieur, nous sommes doublement « frères : Vous étiez aumônier de la Garde à Metz, « moi j'étais aumônier du régiment Moquart. Je suis « resté en communion avec mon évêque jusqu'à ce « jour. Je viens de Berne où on ne fait que des « bêtises. Pipy joue à l'évêque dans le Jura, ce qui « ne lui sied pas du tout. Je les ai plantés là, vu que « je ne suis pas le premier venu ; car il faut vous « dire que je suis en rapport avec le *Grand Orient.* « M. Jules Simon m'a confié une mission historique « et je me suis porté candidat au Conseil général. « Je n'ai pas été élu, mais j'ai eu des voix. Je vou- « drais que le *Courrier* eût le toupet de m'attaquer : « c'est moi qui lui intenterais un joli procès, et qui « lui ferais dégorger dix mille francs de dommages- « intérêts ! Dame ! on n'est pas Breton pour rien... »

Je restais ébahi, me demandant avec anxiété si je rêvais. Je parvins à placer quelques questions dis-

crètes qui n'obtinrent que cette réponse : « Laissez-
« moi finir. » Enfin, après une demi-heure de
patience, je finis par savoir que j'étais en face de
M. Quily, et que M. Pipy n'était autre que M. Deramey.

Informations prises, nous sûmes bientôt que
M. Quily avait fait d'énormes dépenses à l'hôtel Belle-
vue, à Berne, au compte de la direction des cultes ;
que M. Quily consommait beaucoup d'eau-de-vie ;
qu'on l'avait prié de porter ailleurs sa fatuité brouil-
lonne ; que ne sachant où aller, il était venu offrir
ses services à Genève, et que M. Loyson n'était qu'un
oison parce qu'il avait apprécié ledit Quily à sa juste
valeur. Nous aurons bientôt à revenir sur ce sin-
gulier personnage. Pour le moment il est à la
pension Mayor, occupé à nourrir deux pigeons, à
boire beaucoup de spiritueux aux frais du comité
et à scandaliser les convives par ses propos de table.

La société des laïques me consolait de mes rapports
avec les prêtres. J'éprouvais une sorte de honte à me
trouver avec ceux-ci, tandis que je me sentais un
peu remonté après une heure de contact avec les
principaux citoyens qui dirigeaient le mouvement.
Le *Cercle des Anonymes* voulait bien m'accueillir
avec une franche cordialité, et plusieurs des officiers
qui en faisaient partie ont mérité toute ma gratitude
par leurs procédés délicats.

On me destinait à la cure de Carouge, et je ne songeais à ce poste qu'avec épouvante. Carouge, peuplé
en grande partie de Savoisiens, passait pour la cita-
delle de l'ultramontanisme. C'était la patrie de Mgr Mermillod et de l'éloquent chanoine Blanc. Toutes les
familles bien posées et tant-soit peu croyantes, je le

savais, m'étaient absolument hostiles, et les âmes pieuses faisaient des neuvaines pour supplier Marie immaculée d'éloigner de la paroisse *l'infâme apostat.*

Je fis, avant d'être élu, trois ou quatre enterrements, et je prononçai quelques discours au cimetière. Quoique bien protégé par la masse d'hommes qui m'entouraient, et malgré les bravos dont ils couvraient ma parole, je me sentais le cœur navré, et il y avait de quoi. Quand quelqu'un me tendait la main et que je lui demandais s'il était des nôtres : « Oh ! oui, disait-il, je me ferais hâcher pour vous quoique *protestant.* » Un autre me disait : « Mon brave curé, je suis libre-penseur, mais je vous aime bien tout de même, car vous êtes un *homme d'attaque.* » Plus loin c'était un communard qui se vantait d'être mon compatriote, et m'enfonçait le poignard dans le cœur par ses éloges.

Quelques jours plus tard, je dus me rendre dans une mauvaise chambre d'auberge, pour poser ma candidature devant mes électeurs. C'était par une nuit sombre de décembre. Je croisais, en me faufilant par la rue St-Léger, les femmes qui se rendaient en foule à l'église. Elles allaient entendre M. le chanoine Blanc qui chauffait ma candidature par des accents comme ceux-ci : « Le bras de fer qui nous chassera de cette église n'est pas encore forgé... Oui, avant que l'apostat ne souille ces parvis, il y aura du sang... »

Le pauvre *apostat,* en entrant dans sa chambre d'auberge dont les murs étaient couverts d'emblèmes maçonniques, y trouva une centaine d'électeurs dont pas un peut-être n'allait à la messe, et ne croyait

2

à l'Eucharistie. En promenant mes regards sur cet auditoire si *nouveau* pour moi, j'éprouvai une telle frayeur que je fus sur le point de m'en aller. Cependant je cachai de mon mieux mes impressions, et mon discours fut très-bien accueilli. Je cherchais à me rassurer en me disant qu'après tout « Jésus était venu sur la terre pour les malades, et non pour ceux se portent bien ; » et que ma mission serait un peu comme celle du Sauveur. Mais j'étais obligé de convenir que les libres-penseurs de Carouge ne ressemblaient pas absolument aux hommes qui acclamaient Jésus durant sa mission en Galilée.

V

M. Loyson qui commençait à bouder, nous convoqua pour nous, exposer ses griefs à propos des empiètements des laïques. Il était très-monté, et je commençais à le calmer quand M. Quily vint jeter de l'huile sur le feu, en disant à M. Loyson qu'il était prêt à le suivre en tout et partout. Puis se tournant vers les prêtres présents, il eut l'audace de les mettre ainsi en demeure : « Si le Père donne sa démission, je donne la mienne, et vous, messieurs, donnerez vous la vôtre ? » Ceux-ci furent assez faibles pour répondre affirmativement à cette question impertinente. Pour moi, je me tournai vers M. Quily pour le cravacher par cette réponse : « Vous n'êtes rien ici pas plus que moi, et il ne vous sied pas de parler de votre démission avant d'être élu. Si plus tard, quand j'aurai un titre quelconque, le Père juge à propos d'abandonner l'œuvre qu'il a commencée, j'interrogerai ma conscience pour savoir si je dois le suivre. En attendant, je vous dénie le droit de m'interpeller à cet égard. »

Le 28 décembre 1873, ce personnage fut élu à une très-faible majorité, curé de Chênebourg. M. Pacherod, un homme doux et charmant, fut élu curé de Lancy par 59 suffrages ; et j'obtins à Carouge 281 voix sur 517 électeurs. C'était beaucoup au point de vue de la légalité, c'était peu au point de vue du droit. Il faut songer en effet que pour avoir le droit de voter il fallait être *citoyen*. Or, il y avait dans ces trois paroisses, surtout à Carouge, beaucoup de catholiques très-zélés qui n'avaient pas le droit de vote, et qui, s'ils l'avaient eu, nous auraient écrasés par une forte majorité.

La prise de possession de l'église et du presbytère était fixée au 2 janvier 1874, et l'installation devait avoir lieu le dimanche suivant. Au moment de partir pour ma nouvelle paroisse, je reçus, pour m'encourager, un billet anonyme ainsi conçu : « Infâme, ne te montre pas à Carouge, ou tu es mort ! » Arrivé à la mairie avec le conseil de paroisse pour y réclamer les clefs au nom de la loi, je me trouvai en face de M. Fontanel. Cet homme admirable et d'un dévoûment sans égal à toutes les misères, fit quelque résistance. Il prétexta donc certaines assignations qu'il avait reçues par voie d'huissier, et il exigea un ordre formel du conseil d'État pour dégager sa responsabilité. M. Vautier fit expédier l'ordre demandé, et pendant ces pourparlers, j'allai faire un ensevelissement.

La population était très-montée, et quand le cor-

tége se mit en marche, il fut salué par ce refrain :
« Sauvez Rome et la France au nom du Sacré Cœur.! »
Je revins à la mairie à travers les huées d'une multitude de femmes en délire. Tourmenté par une
migraine atroce, je n'avais plus conscience de mes
actes, et j'avais une horreur vague de ma situation.
Je me reprochais d'être un instrument de trouble, une
cause d'angoisse pour cette malheureuse population.
Si en ce moment un des prêtres qui se trouvaient
sur le seuil de la cure, était venu me prendre la main
et me dire : « Pauvre ami, vous voyez bien que vous
êtes en mauvaise compagnie..., revenez avec nous, »
je serais peut-être tombé dans ses bras en pleurant.
Mais il me sembla que ces prêtres n'avaient pour moi
que des ricanements, et ma fierté me fit bientôt
triompher de cette défaillance.

VI

L'installation se fit avec une grande solennité.
L'église était comble, mais hélas! il y avait dans cette
foule bien peu de catholiques. Le P. Hyacinthe prê-
cha, et il eut soin, comme toujours, de faire allusion
à la douce compagne qui devait embellir bientôt ma
pauvre existence. Ces accents me rendaient rêveur,
mais ma raison ne tardait pas à triompher de mon
imagination un moment séduite par cette éloquence.

Grâce aux influences que je subissais depuis quelque
temps, j'avais fini par accepter le mariage des prêtres
en principe, mais en pratique il m'inspirait d'invin-
cibles répugnances. Moi prêtre missionnaire, soldat
d'une cause que je croyais sainte, je ne pouvais me

faire à l'idée de devenir à 47 ans le mari d'une femme plus ou moins mûre, et peut-être le papa d'un bébé qui pourrait rougir un jour de sa naissance. Et puis, en me mariant, je plongeais dans la désolation ma sœur Florence, supérieure de deux mille religieuses, toute ma famille, mes amis de France et surtout ma sœur St-Victor qu'un pareil coup ferait mourir. Je réjouissais tous les ennemis de notre œuvre naissante, qui prétendaient avec raison que tous les prêtres libéraux s'étaient donné rendez-vous à Cythère, et que les femmes jouaient dans cette horrible *farce* un rôle bien plus efficace que le *Syllabus*. Je sentais enfin que *ma compagne* aurait beaucoup à souffrir dans le milieu où j'allais combattre, et que l'avenir n'était point assez sûr, pour que je me permisse de m'atteler à ce boulet qui s'appelle un *ange*.

Après la cérémonie, un de mes amis me dit à l'oreille, en faisant allusion au discours du P. Hyacinthe : « Ne l'écoutez pas : c'est le renard qui a la queue coupée, et qui vous engage à couper aussi la vôtre. »

Le fait est que M. Loyson avait un grand faible pour les prêtres mariés, et se méfiait des célibataires. Il alla jusqu'à répondre à un prêtre de 62, ans qui demandait à venir avec nous, que le mariage était à peu près de rigueur. Le brave curé répondit qu'il se trouvait trop vieux pour devenir épouseur, et partit pour le Jura. Un prêtre célibataire pouvait être facilement indocile, et M. Loyson rêvait peut-être un clergé composé d'une douzaine de prêtres-pigeons dont les femmes obséquieuses formeraient la cour de madame Loyson. Ah ! comme je l'aurais vénéré si j'avais vu briller en lui le feu sacré d'un autre Savonarole !

Le dimanche qui suivit fut un jour terrible. Nous célébrions la fête de l'Épiphanie et mon église était presque vide. Ma déception fut complète, car je vis bien que le mouvement auquel je me prêtais était exclusivement politique. L'évêque d'Annecy étant venu visiter mon voisin et mon rival, celui-ci dit au prélat qu'il avait sous les yeux « tous les croyants et tous les gens comme il faut de Carouge. » Mes adhérents parurent indignés de ce langage, mais je convenais tout bas, avec douleur, que M. Chuit avait à peu près raison.

Ce qui augmentait encore ma tristesse déjà si profonde, c'était l'attitude des femmes à mon égard. Quand je m'aventurais dans la rue, elles épuisaient à mon adresse toutes les formes de l'injure, fermant les portes avec fracas, éclatant de rire ou toussant de manière à faire croire que tout le beau sexe de Carouge était poitrinaire.

Un jour, deux vieilles filles fort pointues s'écrièrent en me voyant passer : « Voilà l'apostat ! mon Dieu qu'il est laid ! » Je me retournai, et je leur dis avec un sourire aussi aimable que possible : « Mesdames, quand le bon Dieu a distribué ses *grâces*, il en a été si prodigue envers vous qu'il n'en n'a pas gardé pour moi ; mais ce n'est pas ma faute. »

Ce qui m'affligeait plus encore, c'était le rôle qu'on faisait jouer aux enfants. Quand ils me voyaient venir, ils s'assemblaient, puis se sauvaient en criant : au loup ! au loup ! Si je me réfugiais dans mon jardin, c'était pour y subir les propos ironiques ou malveillants qui s'échangeaient d'une galerie à l'autre, ou pour entendre chanter *Pauvre Genève!* Si je lisais mon courrier, c'était pour avaler, sous toutes les formes, des aménités comme celle-ci : « Infâme apostat, tu périras bientôt par le poignard ou le poison et les flots de l'Arve emporteront, je te le jure, ton ignoble cadavre. »

Les injures pouvaient m'irriter, mais non me convertir. Si j'éprouvai, à cette époque, une tentation sérieuse d'abandonner mon poste, c'est après avoir lu le billet suivant mouillé de deux larmes, et signé par une de mes anciennes pénitentes : « O Père, vous qui avez écrit *espérance à ceux qui pleurent*, vous qui avez rendu la force et la joie à tant d'âmes endolories, vous ne pouvez rester dans la société qui vous entoure. J'ignore quel coup de tête vous a jeté où vous êtes, mais mon cœur me dit que vous devez souffrir. Oh ! de grâce, revenez à votre Église, à votre France, à vos amis. Oh! dites-moi que nous allons vous revoir, et que le Ciel n'est pas resté sourd aux prières des pauvres âmes qui se souviennent. »

J'étais d'autant plus ému que le *Courrier de Genève*, je lui dois cette justice, ne me maltraitait pas trop, malgré l'ardeur de sa polémique. Je lui savais gré de sa modération relative à mon égard, et je voyais avec plaisir qu'il ne me confondait pas tout à fait avec mes chers confrères. Et puis, sans prendre au sérieux le *martyre* de Mgr Mermillod, que je savais plus heureux que moi, j'éprouvais pour lui un profond respect, mêlé d'une vive reconnaissance pour un petit service dont je gardais le souvenir. Mais le *Syllabus* était là comme une muraille de granit, pour m'empêcher de rentrer au bercail, et une voix mauvaise me criait : *Il est trop tard !*

VII

Il nous manquait un évêque, et nous en gémissions, quand nous apprîmes l'arrivée subite d'un archevêque chez M. Loyson ! C'était Mgr de Panelli, achevêque de Lydda. On nous le présenta comme une victime de l'Inquisition, ce qui me le rendait très-vénérable. D'abord prêtre romain, disait-on, il avait passé à l'Eglise grecque, et avait été sacré archevêque à Constantinople par un évêque oriental. Une fois sacré, il était rentré dans l'Eglise romaine : mais, au lieu de reconnaître son titre, on l'avait enfermé dans les prisons du Saint-Office, après lui avoir enlevé ses papiers, dont il ne pouvait plus présenter qu'une copie plus ou moins authentique.

M. Loyson craignant que M. Herzog, curé d'Olten, que l'on désignait d'avance comme futur évêque suisse, ne voulût pas accepter les prêtres mariés, se montrait enchanté de sa trouvaille. « Maintenant, écrivait-il à M. Herzog, je puis me passer de vous et de votre évêque : j'ai un archevêque sous mon toit... » Il était question, paraît-il, d'amener Mgr de Panelli à sacrer au besoin, soit M. Chavard, soit M. Loyson. C'est du moins ce que le prélat a raconté lui-même, dans un cercle nombreux.

En attendant, M. Loyson fit venir de Paris un jeune homme marié, père de plusieurs enfants et employé dans les ponts-et-chaussées. Ce jeune homme s'appelait M. Trioche. Dévoré d'un saint zèle, il voulait organiser le mouvement vieux-catholique à Paris. Mais, pour cela, il fallait être prêtre, et Mgr de Panelli l'ordonna prêtre, comme il ordonna sous-diacre un autre père de famille nommé Ficher.

Un jour, je vis arriver à midi, pendant que je déjeunais dans ma cuisine, Mgr de Panelli accompagné de Mme Loyson, de son fils et de M. Trioche. Confus d'un pareil honneur, j'introduis tout ce monde dans ma chambre, et je prie Mgr de me permettre, ainsi qu'à mon organiste, d'aller achever notre modeste déjeuner. — « Mais, monsieur le curé, me dit Mme Loyson, nous venons pour déjeuner ! Nous avons voulu vous faire une surprise... »

Je fis mine d'être agréablement surpris, mais je n'ose me vanter d'y avoir pleinement réussi. Je demandai à Madame pourquoi M. Loyson lui avait délégué l'honneur d'accompagner l'archevêque ? — « Il est parti pour tâcher de se reposer un peu, me répondit-elle d'un ton mystérieux. »

Quelques jours plus tard, on raconta que Madame était partie avec Mgr de Panelli pour l'Italie, où M. Loyson n'avait fait que les précéder. Il avait reçu d'un prélat romain (celui, dit-on, qui l'avait marié) une dépêche ainsi conçue : « Méfiez-vous de Panelli : c'est un aventurier ; ce n'est pas un évêque. Venez. Je vous dirai tout. » Et M. Loyson était parti. A son retour, il déclara tout net que les ordinations de Mgr Panelli étaient *nulles*, que M. Trioche n'était pas prêtre, que M. Ficher n'était pas sous-diacre, et que nos *saintes* huiles n'étaient que des huiles !

La déception fut plus complète encore, quand on

entendit M. Loyson prêcher la nécessité de la confession, le respect dû à la papauté et le culte que
l'on doit aux reliques. Les fidèles se demandaient
si c'était bien le même réformateur qui soufflait
ainsi le froid et le chaud, qui disait blanc la veille
et noir le lendemain. L'émotion fut vive, et chacun
pressentait, pour un prochain avenir, des scissions
déplorables.

La Providence nous envoya, pour nous consoler,
M. Vergoin, du diocèse de Lyon. Ce jeune homme
qui avait au moins cinq pieds, fumait comme un
caporal, prisait comme un capucin et buvait comme
un chantre. Il se vantait à tout propos de s'être
meurtri la chair à coups d'épingles pour amortir les
feux de la concupiscence. Devenu vicaire de Genève,
avec 2,500 francs d'appointements pour ne rien
faire, il se fit donner 500 fr. pour diriger le chant
de Saint-Germain. On le vit souvent avec ses pan-
talons gris et son petit chapeau de paille, fréquenter
les cafés à une heure très-tardive, et s'exercer au
billard, sous prétexte de recruter des chantres, ou
de convertir des athées. Convaincu de l'inefficacité
des épingles, il épousa bientôt une charmante cou-
turière, dont il a juré de faire le bonheur. J'ignore
s'il s'acquitte de cette tâche en conscience, mais
c'est jusqu'à présent la seule grave occupation qu'on
lui connaisse pour gagner les 3,000 fr. dont il émarge
au budget.

M. Hurtault se tenait à l'écart, parce que son cœur
était en fête. Mlle Charpenay l'avait emporté, dans la
balance de son amour, sur un autre ange qui pleurait
sur les rives de la Loire, comme Ophélia, ses espérances

évanouies. Toutes les formalités étaient remplies, et le mariage allait se faire quand, sur un ordre venu de Berne, la police arrêta M. Charpenay. Ce malheureux avait été condamné, comme comptable infidèle, à dix ans de fers, et la France réclamait son extradition.

Dans son désespoir, il se donna la mort, et M. Hurtault passa par toutes les angoisses imaginables. Tout en plaignant la fille, on espérait que le mariage n'aurait pas lieu, et que M. Hurtault ferait à l'œuvre naissante le sacrifice qu'elle réclamait. M. Loyson, qui avait fait les plus louables efforts pour détourner son confrère d'une pareille union, fut atterré par la catastrophe. Il s'écria, dans sa colère, en frappant un grand coup sur la table : « Si on ne chasse pas cet homme de nos rangs, je donne ma démission! » M. Hurtault fut assez héroïque pour braver l'opinion en épousant, un peu plus tard, Mlle Charpenay.

VIII

Cependant le comité crut le moment venu de procéder aux élections des quatre vicaires de Genève, et des deux vicaires de Carouge. Les candidats pour Genève étaient : MM. Vergoin, Cadiou, Méhudin et Pelissier. Les candidats pour Carouge étaient : MM. Pourret et Risse.

Je ne dirai rien de M. Vergoin, déjà nommé. M. Cadiou passait pour un brave homme, quoiqu'il n'eût jamais voulu autoriser le *Courrier de Genève* à publier son dossier. Plus protestant que catholique, il aimait mieux faire suer ses auditeurs que de s'exposer à suer lui-même. Orné d'une jolie barbe blanche, il pensait qu'il n'avait qu'un mot à dire pour épouser une femme de 150,000 fr. Longtemps son ministère sembla se borner à la recherche de ce trésor, mais ce trésor se trouvant introuvable, M. Cadiou perdit un peu de sa sérénité et devint boudeur.

M. Méhudin, revenu d'Haïti, avait fini par épouser, en Angleterre, une charmante petite femme qui raffolait des faux cheveux. Il avait eu d'elle un enfant qui était mort, soit avant, soit après le mariage. Pressé sans doute par les nécessités de la vie, il fit un vrai coup de maître. Quoique marié, il sollicita, dit-on, et obtint de son évêque une place de vicaire, qu'il exerça pendant un an, sans scrupule, en faisant passer sa femme pour sa sœur !

M. Pourret avait fait la connaissance d'une douce *Marie*, pendant qu'il était curé dans le midi, et il tenait beaucoup à l'épouser. Elu vicaire de Carouge, il la fit venir chez Mme Méhudin, en la faisant passer pour la cousine de celle-ci. Il m'entretint trois ou quatre mois dans cette erreur, quoiqu'il parut vivre avec moi dans la plus parfaite intimité. Le pauvre vicaire gagnait peu, et Marie, sa colombe, n'avait rien. Les parents étaient au désespoir et il fallut leur signifier des sommations respectueuses ; mais l'amour prouva un fois de plus qu'il sait faire des miracles.

M. Risse avait été curé dans le diocèse de Châlons-sur-Marne. Il m'était arrivé avec un sac où les œuvres de Rabelais se heurtaient contre une douzaine de couverts d'argent. A figure plate, à nature vulgaire, il sentait le musc et ne mettait jamais d'eau dans son vin. Il aimait beaucoup l'eau-de-vie, fumait à outrance, prêchait très-mal et ne priait jamais. A part cela, il semblait assez convenable, et j'étais loin de m'attendre à la catastrophe qu'il nous préparait. Il fut arrêté au sortir de l'église en vertu d'un mandat d'arrêt lancé par le procureur d'Epernay contre le *sieur Risse* coupable de *vol* et de *viol* ! Fou de douleur, je frappe à toutes les portes pour empêcher son extradition. Peine inutile : mon malheureux vicaire est bientôt remis à la gendarmerie française, jugé par la cour d'assises de la Marne, et condamné à dix ans de réclusion !

Impossible d'exprimer les émotions qui labouraient ma pauvre âme. Je me sentais dominé, tourmenté par deux sentiments contraires. D'un côté j'éprouvais un invincible mépris pour le clergé libéral et une grande estime pour le clergé romain. De l'autre, j'avais un culte pour la liberté, et j'éprouvais une invincible répugnance pour les doctrines ultramontaines. Sous l'empire de ce sentiment, je donnai, pendant le carême, une série de conférences qui firent quelque bruit. Notre belle église regorgeait de monde, et l'on m'applaudissait avec frénésie. Mais je ne m'abusais que dans une certaine mesure, car, mon auditoire, qui se composait en grande partie de libres-penseurs, n'applaudissait guère que des audaces dont je me repens.

Nos fêtes de Pâques furent cependant très-consolantes, et le P. Hyacinthe voulut bien m'en féliciter. Il avait été très-mal secondé à Genève et s'en plaignait amèrement. Il me dit un jour, avec une mélancolie qui sentait le découragement : « Que voulez-vous faire avec des prêtres qui ne sont pas même

honnêtes ? » Ce jour-là, je l'aimai avec attendrisse-
ment. Je savais qu'il avait l'âme élevée, et que cette
âme avait la foi. Malheureusement, il voulait à tout
prix me marier, et ses instances n'étaient point mon
unique tentation. Les lilas commençaient à fleurir,
quand je reçus certains billets parfumés. On me priait
de renvoyer ma servante revêche et d'en accepter
une autre toute disposée à seconder certains projets.
J'eus le tort de garder ma servante, sous prétexte
qu'elle avait tout ce qu'il fallait pour déplaire. Alors,
je reçus un autre billet ainsi conçu : « Vous appren-
drez à connaître ce que peut la colère d'une femme. »
Je le méprisai comme les autres, mais Dieu seul sait
combien ce mépris me coûta de déboires.

Cette femme froissée se fit le centre de toutes les
petites rancunes qui s'agitaient autour de moi. Elle
enrôla sous son courroux, dont elle cachait le motif,
trois ou quatre familles qui ne pouvaient que désho-
norer notre cause. Elle obtint la complicité de certains
confrères qui regardaient comme une injure à leur
adresse ma situation indépendante et l'éclat de mon
ministère.

D'un autre côté, les journaux hostiles m'accusaient
« de boire comme un Suisse. » Hélas ! j'étais souvent ivre de douleurs physiques et morales, mais je
défie qui que ce soit de m'avoir vu ivre de bière ou
de vin. Du reste, ma sobriété était sans mérite, vu
que mon tempérament maladif m'interdisait absolument tout excès. Je me voyais donc en butte aux
calomnies des catholiques trop zélés comme *apostat*,
et aux calomnies de certains libéraux comme célibataire. Je comprenais que la mort eût des amoureux.

Pour comble de malheur, je me vis traduit, pour une parole trop vive, devant M. Recordon, juge de paix de Carouge et catholique zélé. Je fus condamné à cinq francs d'amende, et mon casier judiciaire perdit, dès ce jour, sa blancheur immaculée.

IX

On avait remarqué qu'à son retour de Rome, le P. Hyacinthe avait montré des tendances réactionnaires qui inquiétaient beaucoup nos laïques. De là un grand refroidissement à son égard. Avant de partir pour la Hollande, où il moissonna, pour son compte, bien des florins, il avait manifesté ses répugnances à propos des élections au *Conseil supérieur*. Il ne voulait, à aucun prix, ni de M. Hurtault, ni de M. Quily, ni de M. Pelissier. Mais le suffrage populaire ne tint pas compte de son *veto*, et M. Loyson apprit que, parmi les prêtres élus, il occupait le dernier rang !

On lui en voulait pour ses allures de *pape irrésolu ;* on lui en voulait surtout de ce qu'il subissait trop l'influence de sa respectable épouse. Le fait est que madame ne s'effaçait pas assez. Un jour, elle se permit d'écrire à un prêtre belge : « Mariez-vous vite, le Grand Sacconex vous attend ! » Le prêtre, qui ne demandait pas mieux, se maria et vint à Genève ; mais il attendit vainement le Grand Sacconex, qui ne l'attendait pas du tout. Ce prêtre se fit teinturier, puis tomba dans la misère.

M. Quily, encouragé par quelques têtes chaudes, harcelait M. Loyson par ses critiques et le fatiguait par son indiscipline. Il avait, contre l'avis de tous, établi à Chênebourg une liturgie à lui, avec la communion sous les deux espèces. Les pains sacrés étaient des brioches. M. Loyson crut devoir protester par une conférence à la salle de la *Réformation*. Toute la bonne société genevoise était là, toute disposée à l'applaudir. Cette société nous boudait depuis que la loi sur le culte protestant avait passé, grâce à l'alliance des catholiques et des protestants libéraux. Elle nous boudait aussi, parce qu'elle détestait cordialement M. Carteret, qui passait pour le plus intrépide champion du catholicisme libéral.

Dans cette conférence, M. Loyson se déclara tout prêt à rentrer dans l'Eglise romaine, à deux conditions : c'est que Pie IX renoncerait à son infaillibilité et bénirait le berceau du *petit moine !* Pie IX, jusqu'à présent, n'a fait ni l'un ni l'autre.

Cette conférence réjouit fort nos ennemis et fit beaucoup crier nos amis. On pressentait une rupture plus ou moins prochaine, et nous voulions l'éviter à tout prix. M. Quily profita de la circonstance pour publier une brochure où on lisait cette phrase en grosses lettres : « Décidément, M. Loyson ne voit dans la réforme de Genève que son Américaine et son fruit naturel ! » Beaucoup de gens trouvaient qu'il avait raison de le penser, mais qu'il n'aurait pas dû le dire. Comme je lui reprochais sa brochure intempestive, M. Quily me répondit avec un sang-froid merveilleux : « Mon cher ami, apprenez que si je suis venu à Genève, c'est dans l'unique but de couler le Loysonisme et de démolir la fameuse corsetière qui veut se faire papesse. »

Pour apaiser le courroux de M. Loyson, et aussi

pour arrêter M. Quily dans ses audaces, le Conseil supérieur crut devoir intervenir. Dans une séance douloureuse, il avertit M. Quily et bientôt se vit obligé de le suspendre pour quatre ans. Cette suspension équivalait à une révocation. M. le curé de Chênebourg le comprit et donna sa démission. Il erra quelques mois encore à Genève, vivant d'expédients, nous faisant autant de mal qu'il pouvait, et finit par disparaître.

M. Loyson m'avait chaudement remercié pour mon discours au Conseil supérieur, et je le croyais disposé à marcher franchement avec nous ; mais je comptais sans l'amour-propre et sans Mme Loyson. Celle-ci ne pouvait se résigner à voir dans le *Père* autre chose qu'un dictateur, et s'indignait d'avoir à compter avec la *populace*. Peut-être trouvait-elle que ce n'était pas la peine d'être curé de Genève à raison de 3,000 francs. Cependant, elle n'avait pas eu trop à se plaindre du comité catholique. Elle avait reçu, en moins d'un an, des sommes considérables, et, à l'époque où nous sommes arrivés (août 1874), on faisait à M. Loyson un traitement supplémentaire de six mille francs. Outre ces neuf mille francs fixes, il recevait beaucoup d'argent des protestants orthodoxes de Genève, de ses admirateurs d'Angleterre, d'Amérique, sans compter ce qu'il retirait de ses conférences.

Un jour, le Père s'était avisé de laisser sa compagne en villégiature à Saint-Cergues, pour s'en aller à la Grande-Chartreuse. A son retour, il passa par Genève, et profita du moment où il était seul pour m'inviter à déjeuner.

« Eh bien ! me dit-il, j'espère que vous allez bien- tôt vous marier ? — Hélas ! mon Père, quand j'en aurais l'envie, votre attitude ne m'inspire pas assez de confiance, pour que je consente à vous imiter. — Que voulez-vous dire ? — Je veux dire que vous avez tout l'air de vouloir nous quitter, après nous avoir engagé à brûler nos vaisseaux. Si vous nous quittez, je ne sais ce que deviendra notre œuvre, et, dans de telles conditions, je craindrais d'associer une femme à mes destinées. — Bah ! avec votre talent, vous trouverez toujours à gagner votre vie. — C'est possible, mon Père, mais j'aime mieux me réserver la ressource d'aller mourir un jour dans un couvent de terre sainte. — Oh ! qu'à cela ne tienne ! le ma- riage ne sera pas un obstacle insurmontable. On a vu des saints mariés se séparer volontairement, pour aller mourir dans un monastère. — Mon Père, c'est possible, mais je trouve plus simple de ne pas m'unir que de me séparer. »

J'étais d'autant plus fatigué de ce langage que ma sœur chérie venait de m'écrire une lettre touchante, où elle me disait : « Non, mon frère, tu ne feras pas mourir ta pauvre sœur ; non, tu ne forceras pas ta famille à rougir en prononçant ton nom qui m'est si doux ; non, tu ne tomberas pas au niveau de tes con- frères qui font rire le monde. Encore un peu de temps, mon frère trop aimé, et les écailles te tombe- ront des yeux. Et puis, la vie n'est pas si longue : encore un peu de temps, et nos deux moitiés d'âme se rejoindront pour émigrer ensemble vers un monde meilleur. Ce n'est pas la peine de me tuer, en faisant un si triste naufrage. »

Quelques jours après, le P. Hyacinthe envoyait sa démission, sous prétexte que « notre Eglise n'était ni *libérale* en politique, ni *catholique* en religion. »

X

Le Conseil supérieur fut convoqué sur ces entrefaites, et, chose étonnante, le sentiment qui dominait la plupart de ses membres n'était ni le regret ni la peur : c'était plutôt une satisfaction mêlée de dédain plus ou moins affecté. Cependant je sentais vaguement, malgré cette assurance factice, que nous allions faire une perte irréparable !

Sur la proposition de M. Bard, le Conseil prit la délibération suivante :

« M. Loyson motive sa démission de curé de Genève sur ce que, dit-il, « l'esprit qui prévaut dans « l'œuvre catholique libérale de Genève n'est ni libé- « ral en politique, ni catholique en religion. »

« Ces expressions ne peuvent viser que trois points : ou les lois organiques de l'Église ; — ou les principes admis dans la réforme religieuse — ou une tendance des prêtres et des fidèles à détruire les bases essentielles du catholicisme. A tous ces points de vue, l'accusation est injuste.

« 1° *Lois d'organisation du culte.* — Ces lois, prises dans leur ensemble et dans leurs effets politiques, ne font, en réalité, que créer la représentation légale des intérêts catholiques, et remettre aux mandataires choisis par les fidèles la libre administration de l'Église.

« M. Loyson a suivi de près les débats qui ont eu

lieu à cet égard au sein du Grand Conseil ; il a accepté ensuite les fonctions de curé de Genève, et il a prêté serment d'obéissance aux lois sur le culte catholique. Il est donc impossible d'admettre que M. Loyson puisse aujourd'hui attaquer ces mêmes lois comme anti-catholiques et contraires à la liberté.

« 2° *Principes admis dans la réforme religieuse à Genève.* — M. Loyson a développé librement dans ses conférences les principes de réforme qu'il entendait soutenir. Ces principes étaient : Rupture avec la doctrine ultramontaine ; 2° abolition du célibat forcé des prêtres ; 3° abolition de l'obligation de la confession auriculaire ; 4° adoption de la langue nationale dans l'Église.

« Ces bases ont été acceptées par les catholiques de Genève, et constituent encore actuellement l'unique réforme admise dans l'Église.

« M. Loyson ne peut donc renier une œuvre qui lui est personnelle, ni blâmer le concours dévoué que lui ont donné les catholiques de Genève.

« 3° *Tendances des prêtres et des fidèles.* — Ici l'accusation serait vague ; mais, si elle porte réellement sur ce point, le Conseil supérieur fait remarquer que M. Loyson a pu, à la vérité, faire subir quelques variations à ses doctrines primitives, si on compare ses récents sermons avec ses anciennes conférences ; mais, évidemment, il ne peut rendre les prêtres et les fidèles responsables de pareils changements.

« Quoi qu'il en soit, il est un fait certain (et M. Loyson en a des preuves irrécusables), c'est que les catholiques de Genève ont toujours énergiquement maintenu, comme ils maintiendront encore à l'avenir, que les quatre principes ci-dessus énoncés resteront l'unique base de la réforme religieuse à Genève, tant que le Synode général, seule autorité supérieure de l'Église Suisse, n'aura pas été assemblé. Jusqu'à cette époque la direction de l'Église genevoise, au point de vue spirituel, a été confiée à M. Loyson ; cette mission lui a été encore confirmée dans une occasion récente et, toutes les fois qu'il a plu à M. Loyson de prendre en main la direction du mouvement religieux, nous lui avons toujours témoigné, prêtres et fidèles, une respectueuse déférence.

« Le Conseil supérieur de l'Église catholique repousse donc comme injustes et mal fondés les motifs sur lesquels M. Loyson appuie sa démission. Aujourd'hui plus que jamais, forts de notre union et du concours de prêtres dévoués, nous poursuivrons sans découragement et sans haine l'œuvre de notre réforme ; aujourd'hui, comme au commencement de la lutte, nous resterons fidèles au programme que nous avons adopté en février 1873 : « Nous voulons « rester catholiques, mais nous voulons aussi rester « citoyens libres de notre libre patrie. »

« En conséquence :

« Le Conseil supérieur accepte, en ce qui le concerne, la démission de M. Loyson et passe à l'ordre du jour. »

Le P. Hyacinthe subit cet affront avec assez de calme. Il se recueillit quelque temps dans le silence; mais il prit bientôt sa revanche et nous fit beaucoup de mal. Il entraîna la meilleure partie du troupeau, acheva de nous aliéner la bonne société protestante, et finit par nous déconsidérer à l'extérieur. Enfin, il faillit nous enlever, non-seulement M. Méhudin, ce qui n'eût été qu'un demi-malheur, mais M. Chavard qui insérait en tête de son livre une lettre de M. Loyson où on lisait cette phrase : « Grâce à Dieu, vous n'êtes pas de ces prêtres libres-penseurs qui ne voient dans la réforme religieuse dont ils sont le fléau, qu'un moyen de servir leurs intérêts et leurs passions, en colorant leur incrédulié. »

J'ignore si M. Chavard avala ce compliment avec la confiance intime de l'avoir mérité.

Quant à M. Hurtault, il boudait dans sa tente depuis qu'on lui avait fait l'injure de ne pas le nommer au Conseil supérieur. Il est vrai qu'il avait dans cette tente un ange plein de grâce pour le consoler, avec le portrait de son beau-père pour l'encourager à la vertu. Persuadé, disait-il, que M. Loyson ne pouvait rien fonder de stable, il refusa de se joindre à lui, mais s'il restait avec nous, ce n'était plus que pour protester contre le Conseil supérieur, et empocher ses émoluments. On finit par le nommer professeur à la faculté de Berne aux appointements de 6,000 francs, avec 12,000 francs de dommages-intérèts, au cas où on s'aviserait de le remercier. Il resta six mois dans la ville fédérale sans y donner une seule leçon, et sans y avoir fait autre chose que de donner à sa femme un bel enfant. Remercié comme professeur par le gouvernement de Berne, il est venu offrir ses services à M. Loyson qu'il a jugé capable de fonder une église, depuis qu'il s'est vu lui-même jugé incapable d'occuper une chaire à la faculté.

Pour moi, encouragé par l'attitude énergique de nos adhérents, je redoublai d'ardeur pour notre œuvre. Il m'arriva de prêcher, le même dimanche, au camp dont je faisais le service, à Chènebourg, dont le curé était parti, et à Carouge où je rassurais mes paroissiens, à propos de l'événement du jour. Ces efforts me mettaient un peu en évidence ; j'étais considéré, à peu près, comme le chef des prêtres libéraux, comme le successeur (bien indigne) du P. Hyacinthe. C'est ce qui me valut, sans doute, de la part de Mgr de Panelli, une lettre charmante par laquelle cet aimable Prélat m'offrait tout simplement de me sacrer évêque. Voici cette lettre :

« Berne, le 15 septembre 1874.

« *A notre très-cher frère en Jésus-Christ, salut.*

« En passant à deux reprises différentes par Paris, j'ai vu qu'un grand nombre de fidèles et adhérents à notre cause désiraient avoir un évêque parmi eux, et je reçois sans cesse des demandes à ce sujet.

« Après avoir beaucoup réfléchi à cette question et après avoir cherché en mon esprit quelque prêtre qui fût digne de cet honneur, mon choix s'est arrêté sur vous.

« En effet, mon très-cher monsieur Marchal, il me paraît que vous êtes digne de remplir une si grande et noble tâche, et je crois que c'est la volonté de Dieu que vous soyez revêtu d'une charge de cette importance, car vous êtes un ecclésiastique très-édifiant et très-zélé pour la cause de Dieu. Votre qualité d'orateur très-distingué, qualité qui vous a conquis les sympathies d'un grand nombre à Genève, à Paris et dans d'autres villes, vous désigne d'ailleurs d'une manière toute particulière à notre choix.

« Je ne vous cache pas que je suis désireux de vous voir accepter l'offre que je vous fais. La charge que vous remplirez sera sans doute difficile, surtout dans les temps que nous traversons ; mais elle doit en paraître d'autant plus belle à un serviteur zélé de Dieu et de l'Eglise.

« Je partirai de Berne, lundi 21 courant, à 4 heures et demie du matin et serai à 10 heures 20 minutes à Genève, où je resterai quelques jours ; j'aurai alors l'honneur et le plaisir de vous embrasser.

« Agréez enfin mes sentiments les plus distingués avec lesquels j'ai l'honneur d'être votre très-affectionné,

« † Dominique de Panelli,

« *Archevêque de Lydda.* »

Quelques jours après, je rencontrai Monseigneur au congrès d'Olten : comme il me renouvelait ses offres avec une certaine insistance, je dus lui démontrer avec éloquence qu'une mître me donnerait la migraine.

Rentré à Carouge après le congrès, je donnai une conférence pour réfuter certaines assertions d'un pamphlet intitulé *La Lanterne à trois becs.* L'église était comble et je fus terrible, même injuste en parlant de certains personnages. Malgré les applaudis-

sements qui accueillaient mes audaces, j'éprouvais,
je dois le dire, quelques remords. Ceux que je
défendais, ne valaient pas, j'en étais convaincu,
ceux que je criblais de mes sarcasmes. Je songeais
aux vénérables ecclésiastiques que j'avais connus
durant ma vie de missionnaire ; je les comparais à
ceux qui remplissaient le chœur de mon église, et je
rougissais de mon rôle. O liberté, me disais-je, pourquoi faut-il que tu sois défendue par des hommes que
je ne puis estimer ! et toi, théocratie, pourquoi Dieu
permet-il que tu sois soutenue par des apôtres que
je vénère !

Je reçus, un peu plus tard, de M. T...., une
lettre charmante qui m'éclaira sur certaine petites
intrigues dont je n'avais pas le moindre soupçon. Je
la reproduis sans commentaires, pour l'édification du
lecteur.

« Paris, jour de la mémoire de tous les Saints. 1874.

« MONSIEUR LE CURÉ ET CHER CONFRÈRE,

« Une lettre de mon excellent ami Cadiou m'ap-
prend que vous êtes de fait le chef du clergé et de
l'Eglise du canton de Genève. Je m'empresse de venir vous adresser en cette qualité mes félicitations
les plus cordiales. — Il y a cinq ou six mois, j'écri-
vais au pauvre P. H... que son essai tombait et s'a-
néantirait si un autre qui était près de lui ne le rele-
vait promptement. Cet autre c'était vous qu'un certain
de Genève me représentait sous des couleurs odieu-
ses, et comme sapant le P. H... par tous les moyens,

m'annonçant en plus qu'à la chute dudit Père, il n'aurait, lui, qu'à se retirer, parce que sa conscience et sa dignité ne lui permettraient pas de coopérer à l'œuvre du diable qui commencerait alors. — Je crus ne devoir rien répondre, car j'avais carrément et énergiquement blâmé le Père du manque complet d'organisation qui caractérisait son œuvre, et vous étiez mon seul espoir que l'essai de Genève ne tomberait pas sous un ridicule qui éclabousserait tout essai en France.

« La lutte entre l'ordre et le chaos étant terminée, je puis parler enfin, et établir avec assurance un lien de communion entre l'Eglise de Genève et la nôtre.

« Les prêtres et fidèles de Paris et de plusieurs autres villes, estimant, selon l'avis de députés influents, qu'il fallait profiter de ce qu'on avait un prêtre marié avant l'ordination et sans attaches antérieures dans le ministère ultramontain, pour en faire l'évêque, une pétition en ce sens fut arrêtée le 17 juillet et soumise à Mgr Panelli, qui s'engagea à me consacrer, comme il l'avait déjà souvent promis de toute part, dès que la pétition serait signée.

« Le malin, à qui j'avais donné ma démission de grand-vicaire, dès que j'avais vu qu'il en voulait faire un engin de juridiction Panellienne sur notre œuvre, voulait encore obtenir l'expression des vœux de nos prêtres et de nos fidèles, pour en faire parade et nullement pour les satisfaire.

« Les pétitions furent signées avec charge pour moi de constituer un conseil supérieur et d'élaborer les constitutions. Le 25 juillet, les prêtres de l'œuvre, réunis en conseil provisoire, reconnurent la validité de l'élection et me prièrent, en conséquence, de former le conseil supérieur. — Ne me croyant pas le droit de me dérober à une charge que la communauté naissante m'imposait pour le bien commun, et qui me paraissait être un périlleux poste de combat, j'acceptai, et formai un conseil composé de prêtres et de laïques.

« Mgr Panelli, prévenu, déclara, après mille tergiversations, qu'il ne consacrerait pas un homme marié. Il avait pourtant promis aux parents de Méhudin et en ma présence, *de le consacrer*, comme celui-ci m'en avait exprimé le plus instant désir, se prétendant le jeune Joas qui devait sauver Genève et le père Hyacinthe rejeté de partout. De mon refus, date la rupture entre nous, malgré toute la délicatesse que j'avais mise à le formuler.

« Pendant ce temps, je terminai nos constitutions, et le conseil supérieur les approuva le 10 août. Ensuite, nous nous réunîmes synodalement le 20 août et les traits principaux de la Réforme française furent tracés dans une série de décrets rendus par le synode et l'évêque élu. Le 21 septembre, voyant la mauvaise foi de Mgr Panelli, à qui on avait simplement rappelé ses promesses et les vœux des fidèles, on prit en conseil les mesures propres à permettre de poursuivre l'œuvre. Toutes ces pièces vous seraient communiquées si je pouvais passer à Genève.

« Le prêtre, chef des catholiques anti-infaillibilistes de toute l'Italie, m'appelle pour concerter avec lui une entente commune. Je voulais voir un ancien évêque qui nous est favorable, quelques fidèles dispersés dans plusieurs villes, où ils pourraient créer des centres, vous voir enfin, ainsi que nos autres confrères, et me rendre en Italie.

« Tout cela m'est impossible à cause de mon dénûment, très-apostolique, assurément, mais cependant regrettable à cause du bien qu'il entrave. J'ai fait l'impossible, j'ai vécu sans ressources et presque sans offrandes, tenant une vaste correspondance et sillonnant tout Paris où le bon grain germe enfin sûrement, bien que silencieusement.

- « Je pourrais démasquer les agissements déloyaux du P. H... à mon égard, je n'aurais même qu'à relever les contradictions et les mensonges flagrants de ses lettres. Il y a eu jalousie basse et mesquine, rien de plus. *L'authenticité de l'acte de consécration de Mgr Panelli est indiscutable*, bien qu'il faille se résoudre à abandonner la personnalité même du prélat, et peut-être la défense de la *légitimité* de sa consécration.

« Je termine, Monsieur le Curé et cher Confrère, en vous exprimant toute la vive gratitude que votre bon accueil de Genève m'a laissée au cœur, toute la respectueuse affection que je vous ai vouée depuis lors et que mes correspondants ont dû vous exprimer de ma part. J'ajoute que je suis heureux, en cette circonstance, d'être la main que la Réforme de France tend à celle de Genève, alors que la main de Genève se trouve être la vôtre. »

XI

Nous repoussions de temps en temps quelques malheureux prêtres dont le dossier sentait mauvais. Cependant j'en avais un chez moi, depuis longtemps,

qui me donnait beaucoup d'espoir. Il se disait riche,
prêchait bien, et déblatérait contre les prêtres qui
se hâtaient trop de se marier. Je le présentai donc,
en toute confiance, aux électeurs du Grand Sacconex, mais le *Courrier* publia sur son compte un tel
dossier, qu'il échoua. J'appris bientôt qu'il m'avait
trompé, et qu'il avait promis sa main à une fille de
magasin. Il se trouva dans l'embarras d'un homme
qui se voit en possession d'un oiseau rare, sans avoir
une cage pour le loger. Il partit pour le Jura, et
M. Vimeux hérita de l'oiseau.

J'étais donc dégoûté, exaspéré, quand je reçus,
pour me calmer, l'admirable lettre que voici :

« Genève, 4 novembre 1874.

« Monsieur le Curé,

« Quand nous nous sommes presque croisés hier
dans la rue Saint-Joseph, j'allais prier dans l'église
profanée de Carouge. J'y ai demandé à Dieu la con-
version des révolutionnaires religieux qui forment
en trop grande partie le troupeau, et celle du
prêtre égaré, qui devrait ramener ce troupeau et qui
le suit ; qui devrait l'avertir et qui le flatte. Devant
cet autel condamné, je le crains, à porter tant de
sacriléges, la lampe de l'adoration perpétuelle ne
brûlait plus, triste image de ces cœurs où se sont
éteintes la foi et la charité de Jésus-Christ.

« Dans l'heure que nous traversons, mes sujets
personnels de mécontentement à votre égard ne sont
rien. Ce que je ne puis vous pardonner, à vous et

à vos collègues, dans ce schisme infirme et humilié, c'est le triomphe que vous préparez à la réaction ultramontaine ; c'est le discrédit que vous jetez sur tout essai de réforme catholique ; c'est le mal que vous faites aux âmes, à commencer par les vôtres.

« Vous serez sans doute étonné, blessé même de mon langage. Je le sais contraire à la prudence humaine, mais je crois que Celui que j'ai prié pour vous, me l'a mis au cœur. C'est devant Lui que je vous écris cette lettre.

« N'y répondez pas. Une correspondance entre nous n'est plus possible, après vos procédés à mon égard. Ce n'est pas comme homme du monde que je vous écris ces lignes, c'est comme chrétien, c'est comme prêtre.

« Le jour où vous comprendrez qu'une politique plus mauvaise encore que celle que vous reprochez aux ultramontains, vous a égaré, que des applaudissement insensés vous ont enivré ; le jour où vous verrez que vous faites le mal — mais ce jour-là seulement — si vous avez besoin de moi, vous trouverez mes bras et mon cœur ouverts pour vous recevoir.

« Hyacinthe Loyson,
« *Prêtre.* »

Cette lettre contenait, hélas ! trop de vérités, mais M. Loyson, moins que tout autre, avait le droit de les exprimer sur ce ton. Il avait la prétention de représenter *seul* la véritable Eglise, lui qui changeait de doctrine du jour au lendemain ; il osait parler de la charité de Jésus-Christ, lui qui avait foulé aux pieds son froc, son serment pour prendre femme, et qui trahissait ceux qu'il avait compromis, sans s'inquiéter de leur avenir.

J'annonçai une *conférence* pour réfuter ses assertions, et comme toujours, le peuple répondit à mon appel. Je fus doux à force d'être indigné, ce qui ne m'empêcha pas d'être trop sanglant. Faisant allusion à la dernière phrase de sa lettre, je m'écriai :

« Cet homme, qui ne sait plus ce qu'il veut, depuis qu'il a ce qu'il voulait, daigne m'offrir un refuge dans ses bras : C'est vraiment de sa part trop de bonté. Si jamais je viens à douter de ma mission parmi vous, mes frères, si j'ai la conscience d'y faire le mal, j'irai ensevelir mes remords à la Trappe, et pleurer mes péchés dans cet asile des désespérés... Mais chercher un refuge dans les bras de cet homme ; jamais ! *car la place est prise !* »

M. Loyson se tint pour averti et m'épargna désormais la peine de lire ses encycliques. Je sentais bien qu'il avait raison de lutter contre la libre-pensée, et de vouloir conserver l'intégrité du vieux dogme catholique ; j'étais même disposé à rendre hommage à la sincérité de ses intentions et à la bonté de son cœur, mais je ne lui pardonnais pas de se montrer si scrupuleux, après avoir montré tant d'audace.

Les quelques jours qui suivirent furent peut-être les plus tristes de ma vie. Un soir, que je priais seul dans mon église vide, je me sentis saisi d'une inexprimable mélancolie provoquée par un indicible dégoût. « Parmi ceux qui me suivent, me disais-je, il n'y a pas un seul cœur pieux ! Dans ma paroisse, il ne se trouve pas une seule femme, un seul enfant qui éprouve le besoin de venir faire sa prière aux pieds de ces autels ! Après un an d'apostolat fébrile, je n'ai pas conquis une seule famille. *Vox clamantis in deserto.* »

D'ailleurs, je dois le dire, je n'éprouvais aucune envie de convertir les catholiques romains. « Ces âmes ont la foi, me disais-je, une foi qui les fortifie et qui les console ; qu'ai-je à mettre à la place ? » Alors je songeais aux dames idéalistes, aux dames si délicates et si pieuses dont j'avais reçu jadis les confidences. Je les comparais dans ma pensée à nos dames *libérales*, et je me disais : Quel contraste !

XII

En rentrant chez moi, je me mis à fouiller machinalement mes paperasses. Il y avait là des lettres de toutes les couleurs : lettres d'injures, lettres de félicitation, lettres pleines de tendres reproches. Parmi celles-ci, j'en retrouvai une du vénérable curé de Beaucaire, qui eut le don de m'émouvoir jusqu'aux larmes. Cette lettre, très-longue et très-pressante, se terminait par ces mots :

« L'autre jour, nous causions de vous avec Mgr l'évêque d'Hébron, qui se trouvait à Nîmes à l'occasion du sacre de Mgr de Montpellier. Ah ! si vous aviez pu entendre les paroles d'amour, de pardon, de compatissante douleur qui sortaient de son âme, vous en auriez été navré, touché jusqu'aux larmes. Revenez donc, très-cher ami, dans le sein de cette Eglise catholique que vous avez abandonnée. L'évêque exilé de Genève vous tend les bras ; tous vos anciens amis et admirateurs prient pour vous ; et moi, qui vous ai tant aimé, je demande au bon Dieu de me rendre mon P. Marchal, de me le rendre tel qu'il était autrefois lorsqu'il prêchait le Carème à Notre-Dame de Beaucaire, avec son zèle ardent, sa sainte passion pour le salut des âmes et sa riche éloquence... »

Eh bien ! j'avais fait à cette lettre une réponse presque brutale.

Oui, sans doute, j'avais peu de confiance en l'avenir de notre œuvre à Genève ; oui, j'étais honteux de faire partie d'une poignée de prêtres que je méprisais, sans avoir la conscience d'être meilleur qu'eux ; oui, je souffrais le martyre, en songeant que j'affligeais mes amis, mes sœurs ; oui, je sentais que dans ce milieu desséchant ma pauvre âme sensible, idéaliste devenait un Sahara ; oui, je voulais fuir ce tourbillon où je vivais dans une fièvre malsaine. Mais, quand je regardais à l'horizon, je me disais : Où aller ? Retourner en France avant d'être bien converti, c'était me condamner à un affreux isolement. Dire *je crois* sans croire, c'était me mentir à moi-même. Alors, me mettant à genoux devant mon beau crucifix, je m'écriais : « O doux Sauveur, pourquoi tant de haines, tant de discordes entre ceux qui se disent tes disciples ? S'il faut, pour te complaire, brûler ce que j'ai adoré, je t'en conjure, fais un nouveau miracle, en retournant de fond en comble ma pauvre âme endolorie. »

Mais le miracle ne se faisait pas, et je cherchais en vain du regard le petit coin de terre où je pourrais m'abriter, à peu près, contre l'injure et contre l'en-

nui. Il me restait trop de foi pour être au niveau de
ceux qui m'entouraient ; il m'en restait trop peu
pour être à la hauteur de ceux qui me criaient : Re-
viens à nous ! D'ailleurs, j'aimais la belle Genève et
ses institutions ; j'aimais les amis qui m'y faisaient
fête. Je vivais là d'une vie tourmentée, mais intense
et libre. Enfin, le dirai-je ? mes prières étaient courtes
et la méditation me faisait peur. Je me fuyais pour
conserver le courage de marcher en avant.

Je croyais à la vie progressive des peuples et des
mondes. Je croyais que l'homme est placé sur cette
terre pour y accomplir une double tâche : celle de se
perfectionner soi-même et de perfectionner, du même
coup, le globe qu'il habite. Or, ce double progrès,
résultat d'un double travail, supposait, de la part de
l'homme, le libre essor de toutes ses facultés. Placé à
ce point de vue, je voyais, dans les tentatives de la
théocratie romaine, un attentat contre l'humanité et
comme une révolte contre les vues de Dieu.

J'ajournai donc toute démarche décisive et je me
replongeai dans la bataille avec ardeur. Le comité
libéral du Jura m'ayant prié d'aller donner quelques
conférences à Porrentruy, je me mis en route par un
temps affreux et j'arrivai à moitié mort.

M. Deramey, curé de Porrentruy, gardait, je dois
le dire, la dignité ecclésiastique, mais il passait pour
faire un peu trop d'économies. On sentait qu'il était
plutôt campé qu'établi, et qu'il n'avait qu'une confiance
fort limitée en l'avenir. Les fiancés impatients le dé-
testaient et les libres-penseurs le trouvaient trop
prêtre. Pour moi, je n'eus qu'à me louer de ses procédés, et je me vis très-bien accueilli par quelques

admirables familles. Cependant, je quittai le théâtre de mon apostolat avec des sentiments tout autres que ceux que j'éprouvais après une station dans nos chaires de France. Les croyants seuls savent obliger un missionnaire à pleurer quand il leur fait ses adieux.

J'avais fait à Porrentruy la rencontre de M. l'abbé Marchand, qui désira me suivre à Genève pour s'y marier le plus tôt possible. Ce brave homme avait une femme toute prête, mais il était pauvre comme *Gautier sans avoir*, et je dus lui avancer quelque argent, soit pour faire le voyage, soit pour se procurer des timbres-poste, dont il faisait une grande consommation en écrivant à sa fiancée. Elu plus tard curé de Meyrin par le quart des électeurs, il se hâta de réaliser ses rêves, en achetant un beau mobilier, y compris un couple de serins, et surtout en épousant l'ange de ses rêves. A partir de ce jour, il put se vanter de compter, dans son église, une paroisienne.

Il avait été suivi à Genève par le jeune abbé Langlois, qui se trouvait, depuis quelque temps, dans le Jura. Le préfet Frotté, qui recevait sur son compte, de la part de sa police, beaucoup de rapports peu rassurants, lui avait frotté les oreilles. C'est ce qui l'avait décidé à suivre M. Marchand, au risque de faire pleurer certaines institutrices. Elu curé du Grand Sacconex par une poignée de libres-penseurs, il a épousé une jeune protestante, pour préparer la fusion des Eglises. Sa fatuité en a fait un chef de parti qui fomente le schisme dans le schisme. On éprouve toujours, en le voyant, la joie que cause la vue d'un bon ménage : son amour-propre et lui vivent si bien ensemble !

M. Renault avait été élu curé de Chênebourg, et le Conseil supérieur me désigna pour prêcher son installation. Je déclinai cet honneur, sachant que M. Renault n'était venu, comme tant d'autres, que pour dénouer un roman scandaleux. « Je ne vous le cache pas, m'avait-il dit, il y a une femme sous roche. »

XIII

La Commission exécutive dont je faisais partie me délégua, sur ces entrefaites, pour aller baptiser, dans l'église de Compesières, le fameux *enfant Maurice*. Cette mission ne me convenait pas du tout, parce qu'elle avait un côté ridicule, et que le père de l'enfant m'avait l'air d'un homme qui veut jouer un rôle à tout prix. Je me trompais si peu que M. Maurice, de simple facteur postal, s'est hissé depuis à la dignité d'huissier judiciaire. Mais on disait cette mission périlleuse, et c'est peut-être la seule raison qui me décida.

Je montai donc dans la voiture avec M. Maurice, sa femme, l'enfant et la marraine. On m'avait dit, en partant, que la population de Compesières était exaspérée et qu'il y aurait du sang versé. Arrivés à quelques centaines de mètres de l'église, nous rencontrons deux amis qui nous crient : « Retournez ! il y a plus de 400 forcenés devant l'église, et vous n'aurez pas six agents pour vous défendre. »

Nous nous décidâmes à marcher en avant, et bientôt nous fûmes accueillis par des vociférations furieuses. Une multitude d'hommes et de femmes entouraient l'église ; on sonnait le tocsin et les maires en écharpe étaient là pour encourager la résistance. M. Maurice descend de voiture, s'avance vers les maires, expose sa demande au nom de la loi. On lui répond par un refus, et il revient sur ses pas pour remonter en voiture. Pendant ces pourparlers, j'étais resté dans la voiture, exposé aux injures des femmes qui l'entouraient, en criant : « Où est l'apostat ? qu'il se montre, le lâche !... » A ce mot, je bondis de la voiture, je me croise les bras en face de ces pauvres femmes et je m'écrie : « Le voici le lâche que vous insultez et qui vous plaint !... » Un silence de mort succède à ces paroles, puis deux amis m'empoignent et me repoussent dans la voiture. Un nouveau hurlement se fait entendre, une femme casse la vitre de la portière et me jette dans la figure le poivre pilé qu'elle avait dans son tablier. J'avais porté, par instinct, la main à mes yeux, et je reçus dans les doigts les éclats de verre qui m'auraient certainement aveuglé. Une veine avait été coupée et laissait couler le sang en abondance, mais c'est à peine si je m'en apercevais. Les clameurs redoublaient, toutes les vitres de la voiture volaient en éclats sous une grêle de pierres, et je protégeais de mon mieux le pauvre enfant à l'aide de mon feutre. J'étais fier de souffrir et de m'exposer ainsi, mais je regrettais amèrement que ce fût pour une aussi triste cause. Ces femmes étaient sincères, je le savais, et quand elles comparurent, plus tard, aux assises, je feignis de ne pas les reconnaître, ce qui permit au jury de les acquitter.

Pendant tout le reste de la journée et le lendemain, je reçus une foule de visites, mais je ne vis arriver aucun confrère ! Le lundi suivant, par ordre du Conseil d'Etat, on mit sur pied toute une petite armée, et je dus recommencer l'expédition, qui, cette fois, réussit pleinement. Je baptisai l'enfant dans cette fameuse église, dont on avait ouvert les portes barricadées, et j'y prononçai un discours plein de mélancolie, où je protestai contre la loi Reverchon. Le mercredi précédent, j'étais assez fier de mon rôle, parce qu'en somme j'étais victime, et victime désarmée. Mais le lundi, j'en rougissais, parce que j'avais avec moi la force, sans être bien sûr d'avoir le droit.

Mes confrères, jaloux peut-être de ma popularité, ourdirent, sur ces entrefaites, un abominable complot contre mon honneur. Ils me prièrent de fixer une réunion générale en ma qualité de président. Cette réunion se composait de trois ou quatre prêtres qui avaient épousé déjà leurs colombes importées de France, et de cinq ou six autres qui se disposaient à les imiter. Ces derniers, en vrais Tartufes, affectaient de se passer de cuisinière, afin qu'on les priât de se marier. Il s'agissait donc de discréditer ceux qui voulaient rester célibataires, c'est-à-dire le curé de Lancy et le curé de Carouge. Dans ce but, quelqu'un proposa de nommer un *official* et un *théologal* qui auraient pour mission, sans doute, de nous obliger à renvoyer nos servantes et de faire le plongeon comme les autres.

Ainsi, le mariage n'était plus seulement facultatif, mais il devenait obligatoire.

Je vis le piége, et, en songeant aux hauts faits de ceux qui avaient préparé cette motion, ma colère arriva aux confins du délire. A l'aspect de ces êtres tarés, dont j'avais en main le dossier nauséabond, je me levai de mon siége et je m'écriai : « Je fais de votre proposition et de vos personnes le cas que ma chaussure fait de la boue du chemin ! » Là-dessus, je levai la séance et je me rendis à la rédaction du *Petit Genevois,* où je fis insérer l'avis suivant : « Il a été perdu un *official* et un *théologal : récompense honnête à celui qui les rapportera. »

Si les citoyens de Genève sont tentés de me reprocher ces pages, qu'ils dirigent leurs colères non sur le prêtre indigné qui les écrit, mais sur les prêtres misérables qui les ont provoquées. Je défends mon honneur en faisant connaître ceux qui ont essayé de le flétrir. Je veux démontrer une fois de plus qu'on n'est sali que par la boue. O prêtres de France, dont j'ai vu les vertus pendant ma carrière apostolique, je vous demande pardon de vous avoir contristé le cœur, pour venir me fourvoyer en pareille compagnie.

Je me sentais comme entraîné dans une espèce d'*enlizement* moral, et j'en gémissais, mais il m'en coûtait de faire de la peine à certains hommes d'Etat dont la bienveillance m'avait touché. D'ailleurs, j'avais perdu de vue l'étoile polaire, et il y a des jours tempétueux où il est moins difficile, peut-être, de faire son devoir que de le connaître.

XIV

Je restai donc à mon poste pour voir venir et je repris le cours de mes conférences à l'église. Mais au lieu de combattre les doctrines ultramontaines comme l'année précédente, je prêchai des sujets chrétiens, même pieux, comme je l'aurais fait dans une église de France en qualité de missionnaire catholique. Je tâchais de faire aimer N.-S. Jésus-Christ et j'osais combattre avec une hardiesse apostolique certaines dépravations ; mais c'était trop pour des gens qui ne me demandaient que de leur être agréable. Parmi mes électeurs, il n'y en avait pas dix d'assidus aux offices, et je n'avais guère à ma messe que des gens qui ne croyaient pas à la messe.

Plusieurs de nos adhérents étaient fonctionnaires et n'avaient rien à perdre. Quant aux cafetiers et aux petits marchands, ils s'arrangeaient à merveille. Le mari se disait libéral pour avoir la pratique des libéraux et la femme restait romaine pour avoir la clientèle des romains. Je ramassais beaucoup de cadavres parce que je les enterrais sans frais, mais rarement on m'appelait auprès d'un malade. Bien peu se mariaient à l'église, et la plupart des enfants admis à la première communion se faisaient habiller par notre diaconie. Notre église était un corps sans âme parce que ni les prêtres ni les fidèles n'avaient la foi. Notre culte était maigre et complètement dénué de poésie. Je me disais avec un serrement de cœur provoqué par le remords : Pourquoi cette belle église appartient-elle à ceux qui n'en usent pas, tandis que les vrais croyants se pressent dans des remises ! Enfin, à part quelques exceptions très-honorables, je voyais que les gens bien posés nous tournaient le dos, tandis que les *chancelants* nous tendaient la main, et se disaient libéraux, c'est-à-dire un peu buveurs et fort incrédules.

J'étais plongé dans ces tristes pensées quand mon vicaire vint me dire à brûle-pourpoint : « Ma femme vient d'*avorter !* » Je baptisai le *fœtus* qui eut pour parrain le président du conseil de paroisse. Quelques jours après le pauvre enfant mourut, et je me proposais ne l'enterrer sans bruit, quand on vint me dire que tout le clergé libéral du canton était convoqué. Je vis là une manifestation écœurante en faveur du mariage des prêtres, et je refusai net le concours de mon ministère, en me contentant de déléguer à ma place un des prêtres présents.

Quelques jours plus tard, le curé de Chênebourg se maria. Sur mon refus de prêcher sa conjonction, il invita M. Pelissier. Celui-ci prépara pour la circonstance un discours flamboyant, afin de démontrer que le célibat ecclésiastique « est une infamie. » Mais M. Chavard prit la parole et la garda longtemps. M. Pelissier, à moitié malade de son sermon rentré, monta en chaire pour annoncer que ce sermon serait expectoré le dimanche suivant. Il termina par cette phrase d'une justesse ébouriffante : « J'espère, mes frères, que cette église, d'ici là, conservera précieusement les *exhalaisons* de ce beau jour ! »

Notre petite église avait été construite par les francs-maçons. M. Cadiou le savait, et la femme de 150,000 francs qu'il cherchait se trouvant toujours introuvable, il s'en consola en se faisant recevoir parmi *les Amis de la Vérité.* La carte d'invitation portait : Réception du *profane* Cadiou, vicaire de Genève. Dès ce jour, M. Cadiou ne devint pas précisément orateur, mais il fut *sacré*, devint populaire, et trouva dans un magasin un cœur disposé à lui répondre.

En vain je protestai au Conseil supérieur : Je fus bien soutenu par M. Bard et par M. Bertrand, deux bonnes têtes ; mais M. Cadiou ne reçut aucun blâme officiel. Je murmurai tout bas ces mots légendaires : « sortons d'ici ! »

On allait prendre la belle église de Notre-Dame, construite, comme on le sait, avec les deniers de l'univers catholique. Au point de vue légal on pouvait peut-être discuter, mais en droit cette prise de possession avait à peu près le caractère d'un vol manifeste. Aussi j'avais repoussé toute avance qui semblait m'appeler à monter dans la chaire de Mgr Mermillod. J'étais parti pour Berne la veille de l'envahissement, ce qui n'empêcha pas le *Journal de Genève* d'annoncer que je prêcherais en cette circonstance. M. Chavard prononça le sermon, mais le correspondant de l'*Eglise libre* lui écrivit à peu près en ces termes : « Je me suis rendu à Notre-Dame, pour entendre le fameux M. Marchal, mais j'ai été, je l'avoue, un peu désappointé. C'est un homme mûr, paisible, qui nous a dit de bonnes choses d'une voix un peu cassée, et qui ne fera jamais oublier le P. Hyacinthe. »

Au moment où je m'attirais ce compliment sans le savoir, je me trouvais à Olten pour assister au Synode.

Cette session me parut frappée de stérilité, et m'enleva encore quelques illusions. Les principaux membres, et peut-être les plus sérieux, tels que M. Hersog et le docteur Frédéric, voulaient qu'on s'en tint au programme des vieux-catholiques d'Allemagne, approuvé par l'évêque Reinkens et le chanoine Dœllinger. D'autres, plus nombreux, et moins désintéressés, réclamaient l'abolition immédiate du célibat ecclésiastique et de la confession auriculaire. Dans ce groupe, on voyait briller l'ange de Bienne, Watterik de Bâle, les doux pigeons de Genève, et deux ou trois soupirants du Jura. La discussion fut très-vive, mais l'on se sépara sans avoir tranché ces questions brûlantes.

On vota, en revanche, la constitution de l'Église *catholique*, *chrétienne*, *helvétique*, etc., constitution plus compliquée qu'une montre à remontoir. Le respectable M. Hersog, élu plus tard comme évêque, trouvait que les laïques s'étaient réservé la part du lion, et montra une grande répugnance à accepter la charge qu'on lui offrait. Je le défie, en effet, de gouverner l'église qui lui est confiée sans se heurter à des obstacles insurmontables, et sans susciter mille conflits.

La session terminée, je me rendis à la Chaux-de-Fonds, pour y donner une conférence. Entouré, obsédé par quelques citoyens qui avaient besoin de mon nom, disaient-ils, pour planter le drapeau de la Réforme dans le canton de Neuchâtel, je me laissai séduire, et je leur permis de poser ma candidature, comme curé, aux élections prochaines.

Le climat me faisait peur et le traitement était médiocre, mais je me figurais que je trouverais dans ce triste vallon les éléments d'une paroisse vraiment sérieuse. Comme la loi neufchâteloise était très-libérale, et que les catholiques-romains acceptaient la lutte en prenant part au scrutin, ma conscience devait se sentir plus à l'aise. J'arriverais là, non plus comme le protégé du gendarme, mais comme le représentant d'une vraie majorité. Enfin, seul dans ce canton, dégagé de toute solidarité avec des prêtres que je connaissais trop, j'aurais l'immense avantage de ne pas bénéficier de certaines mesures violentes qui m'inspiraient un invincible dégoût, en donnant à nos adversaires le lustre des victimes.

XV

La majorité du Grand Conseil de Genève prenait, en effet, des mesures violentes contre les catholiques. Par des lois récentes, elle interdisait tout culte extérieur, supprimait la soutane et proscrivait toutes les communautés religieuses, dont elle confisquait les biens. Ces rigueurs me froissaient au point de rejeter mes sympathies avec ma pitié vers ceux que je combattais au nom de ma faible raison.

J'avais vu, un matin, les *Petites-Sœurs des Pauvres* abandonner leur maison de Carouge en pleurant. Je songeais à la tristesse de ces anges proscrits, quand je reçus un billet de M. Chavard qui me priait de passer chez lui. M'étant rendu à son invitation, je trouvai le brave curé, non pas absorbé par la lecture de son bréviaire, mais occupé à laver ses deux jumeaux dans un baquet d'eau froide. Mon cœur se souleva de dégoût, et je me dis avec une indignation mal déguisée : « C'est pour assurer l'avenir de ces pauvres innocents qu'on bouleverse, par des lois draconiennes, le beau canton de Genève ! »

J'appris bientôt que j'étais élu à la Chaux-de-Fonds par 469 voix, tandis que mon respectable concurrent n'en avait obtenu que 324. J'acceptai le nouveau poste qui m'était offert, et j'envoyai, en termes très-polis, ma démission au Conseil supérieur.

Ce Conseil, à l'unanimité, nomma une députation pour me prier de retirer ma démission, et, au cas où je la maintiendrais, pour me remercier des services signalés que j'avais rendus à la cause du catholicisme libéral. Le Conseil d'Etat, de son côté, voulut bien accepter ma démission avec honneur et remerciment.

Si je mentionne ces témoignages officiels d'estime et de gratitude, c'est pour répondre, d'une manière écrasante, au petit *Catholique national*, qui a osé publier, après mon départ définitif, que « la paroisse de Carouge ne voulait plus de mes services, et que ma retraite n'a fait qu'*épurer* le clergé libéral. » O renards, *ils sont trop verts !*

Je dois dire, pour être juste, que j'avais eu à me louer beaucoup, en tant qu'*homme*, des procédés de mes paroissiens de Carouge. Au point de vue matériel, je n'avais rien à désirer, et mon amour-propre devait être satisfait de ma popularité. Mais comme prêtre, comme curé, je sentais que mon ministère était à peu près stérile. J'avais pour moi beaucoup de *camarades* disposés à me payer le vermouth ou l'absinthe, mais j'avais contre moi toutes les âmes pieuses ou sincèrement croyantes, pour qui le prêtre est vraiment le guide spirituel ou l'homme de Dieu. J'avais hâte d'arriver dans une nouvelle paroisse, où j'espérais trouver un noyau d'âmes vraiment chrétiennes et peut-être vraiment pieuses. Je partis donc seul et sans bruit, le cœur noyé dans une tristesse à peine tempérée par un reste d'illusions.

Je vis bientôt, avec une stupéfaction douloureuse, que mes nouveaux paroissiens avaient peut-être moins de foi encore que mes brebis de Carouge. A part cela, je n'avais qu'à me louer de la population, et je n'avais à subir aucune injure.

Cependant, les *gens comme il faut* craignaient de se compromettre ou de déroger, en se mêlant à mes adhérents. Je comparais le monde qui m'applaudissait à celui qui m'avait honoré de ses sympathies quand je montais dans les chaires de France, et mon pauvre cœur se gonflait. Je souffrais le martyre dans ce vallon lugubre où l'hiver dure huit mois. Nulle promenade possible dans ces chemins affreux ; nulle relation facile avec des ouvriers toujours absorbés par le labeur et très-éprouvés par la crise ; nulle ressource littéraire dans ce grand village industriel. J'étais comme un oiseau des tropiques enfermé dans une cage de la Sibérie.

Seul prêtre libéral dans le canton, je n'avais aucun confrère à fréquenter. Mon plus proche voisin était le curé de Saint-Imier, charmant garçon qui était en train de dénouer son petit roman avec la fille d'un meunier. Le jour de ses noces fut un grand jour d'édification pour toute la vallée. On vit trois intrépides réformateurs inaugurer le retour aux mœurs de la primitive Eglise, en ouvrant le bal à l'*Hôtel de la Couronne*. La galerie applaudissait, et les pieux paroissiens s'écriaient ravis : Bravo ! voilà des curés tels qu'il nous les faut !

M. Mirlin, je dois le dire, est très-populaire à Saint-Imier et on le dit très-heureux en ménage.

Son bonheur, oserai-je l'avouer ? finit presque par m'arracher une défaillance. Isolé comme je l'étais dans mon affreux vallon ; privé des joies de la famille

et des consolations d'un ministère fécond, je n'avais
d'autres petites joies que les gentillesses d'une petite
fille de six ans. Cette enfant était la sœur de ma servante, qui m'avait prié de la prendre par charité, en
me produisant son acte de naissance. Or, certaines
sommeillères de ma paroisse, devenues *dames*, trou-
vèrent que c'était trop. Elles se permirent certains
propos qui attaquaient vaguement mon honneur. Je
renvoyai donc ces pauvres enfants et je me trouvai
plus seul que jamais. C'est alors que je reçus quelques
avances fort séduisantes à force d'être honorables.
Je priai la Sainte Vierge de tout arranger pour le
mieux, et elle arrangea si bien les choses que je fus
on ne peut plus maladroit. La joie ineffable que j'en
éprouvai me démontra, une fois de plus, que je ne
méritais pas de m'élever au grade si recherché de
prêtre-mari.

Dès lors, toutes mes pensées, toutes mes aspira-
tions se retournèrent, avec une nouvelle ardeur, vers
ces deux patries bien-aimées qui s'appellent l'Eglise
et la France. Beaucoup de belles âmes priaient pour
moi, je le savais, je le *sentais ;* de là mon impuis-
sance à me montrer joyeux. Tout me contrariait, me
dégoûtait, comme si j'étais harcelé par quelque
puissance surnaturelle. Il me semblait qu'un ange
invisible voulait me chasser à coups de martinet de
la terre d'Egypte, dont je méprisais les oignons, en
me montrant les raisins de la terre promise.

Ayant ouvert au hasard l'*Imitation de Jésus-Christ*,
je tombai sur le chapitre intitulé : *De la joie d'une
bonne conscience*, et je lus : « Ayez la conscience
« pure et vous serez toujours dans la joie. La mau-

« vaise conscience est toujours timide et inquiète.
« Vous jouirez d'un repos délicieux si votre cœur
« ne vous reproche rien. » Or, depuis trois ans, je
ne connaissais plus ce repos délicieux. J'avais beau
me raisonner ou m'étourdir, je restais *inquiet*. J'en
conclus que je n'étais ni dans le vrai ni dans le
bien.

Je sentais, malgré tout, que l'Église romaine seule
communique aux âmes le souffle divin qui fait les
apôtres et les martyrs. Longtemps je m'étais dit, pour
me rassurer, que je faisais le bien, en donnant quelques notions chrétiennes aux âmes *dégoûtées* ou révol-
tées qui entouraient ma chaire, mais ce sophisme ne
me suffisait plus. Notre église, d'ailleurs, était si
commode pour vivre, qu'on ne pouvait guère y ap-
prendre à bien mourir.

Un jour, après ma prière, je me posai cette question en présence de mon crucifix : « Si tu étais sûr
de mourir demain, que ferais-tu ? Appellerais-tu à ton
lit de mort un prêtre libéral ou un prêtre romain ? Ma
conscience murmura : plutôt point de prêtre qu'un
prêtre libéral ? » A partir de ce moment, mon âme
cessa d'appartenir à l'église *réformée* ou *déformée*, et
je ne songeai plus qu'à donner ma démission.

Cet acte de ma part, disait-on, pouvait compromettre l'œuvre dans le canton de Neuchâtel, parce
qu'il serait difficile de me trouver un successeur capable d'obtenir la majorité. Cette raison, le dirai-je, m'en-
courageait au lieu de me retenir. A mes yeux, la
légalité n'était pas le droit : il me semblait qu'en toute
justice, l'église catholique devait appartenir aux catholiques, au lieu d'être occupée par des gens qui se

vantaient à tout propos de ne croire à aucune religion révélée.

Résolu à en finir, malgré les instances de quelques belles âmes, et froissé d'ailleurs par certains procédés fort peu délicats, je me dégonflai dans une allocution trop vive qui se termina par ce cri : « S'il faut faire un choix, je préfère de beaucoup la pantoufle de Pie IX à la botte d'un jardinier teuton! » Ce mot trancha le nœud gordien, et je secouai la poussière de mes sandales sur cette prison où l'on ne m'avait attiré que par des promesses fallacieuses. Toutes mes illusions étaient à peu près dissipées. Je revins à Genève, non plus pour y soutenir une cause que je croyais perdue, mais pour observer encore quelques jours et me recueillir.

<h2 style="text-align:center">XVI</h2>

Quelques changements avaient eu lieu pendant ma longue absence. M. Fortuné Chavard paraissait soucieux, et maigrissait de plus en plus. Il avait, en effet, beaucoup de chagrin. Quoique le plus vieux des curés de Genève, et membre du Conseil synodal, il s'était vu rejeté de la Commission exécutive par le Conseil supérieur. Et puis, comme un bon père, il souffrait de voir ses deux jumeaux *rouler* au lieu de marcher, malgré leurs dix-huit mois. Appelé à enterrer la petite fille de M. Renault, le zélé curé de Chêne, il félicita celui-ci, d'avoir « envoyé un ange au ciel ! » Ces adorables curés, comme on le voit, n'étaient pas précisément des apôtres : c'étaient des *faiseurs d'anges*.

M. d'Ardenne et M. Vimeux avaient été élus curés

de Genève par 600 voix, la moitié de moins que n'en avait obtenu le P. Hyacinthe. Le premier prétendait que le Saint-Esprit représente dans la Sainte Trinité, l'élément féminin, et vivait fort paisible, en compagnie d'une nièce plus ou moins authentique. Quant au second, dont la figure large et polie ressemblait à une courge ornée de lunettes bleues, il paraissait avoir dépassé l'âge de la sagesse. Je refusais donc d'ajouter foi aux propos de ceux qui affirmaient 'que si M. Vimeux s'était fait attendre, c'était pour avoir attendu qu'une certaine *mineure* devint *majeure*. S'il en était ainsi, on devrait en conclure qu'on peut être inconstant à tout âge, car M. Vimeux oublia sa mineure pour sourire à une petite colombe qui avait juré d'épouser un prêtre avec ou sans cheveux. M. Vimeux arrange ses conférences en dérangeant un peu les livres de M. Michaud, ce qui ne l'empêche pas de se croire un personnage. Je l'ai vu encenser l'autel à l'offertoire : il avait l'air de prendre pour lui les trois quarts de la fumée.

Mon illustre successeur à Carouge mangeait en paix ses 3,500 fr. de traitement, et nourrissait de sa parole éloquente ses 25 auditeurs. Son enfant grandissait, et sa femme était parvenue à dire à peu près sans se troubler : « Oui, monsieur, oui, madame. » Cependant, le tendre mari avait un chagrin : il avait crié partout que sa femme, sans être une duchesse, était fort riche. Or, la mère étant venue voir sa fille, s'était montrée d'une candeur impardonnable. « Tu es bien heureuse, d'avoir épousé Gustave, ma chère, s'était-elle écriée dans une nombreuse compagnie, car, sans lui, tu serais encore obligée d'aller en journée, tandis que te voilà une *dame*... » On n'est trahi que par les siens.

M. Gaspard, à peine élu curé de Versoix, s'était empressé de mettre un terme aux langueurs de sa Dulcinée. Le sublime Cadiou avait remplacé à Thonex le prodigieux Mansuy, avant de remplacer l'infortuné M. Chavard à la Commission exécutive. M. Méhudin se plaignait à table-d'hôte des goûts trop prononcés de sa mésange huppée pour les longues absences. M. Groult, curé d'Hermance, n'ayant pas un enfant à son catéchisme, s'amusait à élever des lapins qu'on lui prenait. M. Rieu, curé de Corsier, continuait à *lever le coude*, et donnait des leçons en ville pour ajouter quelques *cachets* à son traitement de 3,000 fr. Ses paroissiens lui laissaient bien des loisirs et sa *sœur* savait s'y prendre pour les charmer. On remarquait moins de fautes d'orthographe dans les lettres du curé de Meyrin depuis qu'il était marié; mais il était assez mal noté pour avoir dit que le Conseil supérieur, dont il faisait partie, « est une réunion de chenapans. » Son voisin, *l'autre*, comme dirait Xavier de Maistre, achetait sans doute des gants à sa moitié, avec le peu d'argent qu'il me devait.

Ma plume se refuse à tracer la silhouette de MM. Pertuisot et Palmieri. Il faut passer vite à côté de certains personnages en respirant des sels. Le jeune Pertuisot avait été élu curé de Choullex par 19 esprits forts, mais la population catholique s'était montrée si énergique dans son indignation, que les gendarmes et les gardes champêtres étaient sur les dents. Au lieu de rougir de sa situation, il s'en con-

solait par des propos comme ceux-ci : « Nous sommes isolés, détestés, c'est vrai ; nous n'avons rien
à faire, c'est encore vrai ; mais on *palpe*, mes amis,
on palpe, on fume, on se promène et on se marie.
Vive Héridier et sa police ! » Quant à Palmieri, je
l'ai entendu tenir des propos à faire rougir Anacréon
sortant de table. Il a été élu curé de Collonges par
18 voix sur 218 électeurs : c'est dix-huit voix de
trop pour un homme qui méritait d'être accueilli
avec les projectiles dont parle l'Ecriture : *De stercore
boum lapidatus est piger*.

Je n'ai trouvé qu'une perle dans ce fumier, un
bon jeune homme qui s'était fait illusion. Celui-là, je
me promis de le tirer du bourbier, et j'y suis par-
venu. Nous devions bientôt quitter ensemble, le
cœur tout ému, cette terre que Dieu fit si belle, et
qui n'attend que la tranquillité de l'ordre pour devenir
un paradis.

J'avertis verbalement M. Reverchon que je décli-
nais toute solidarité avec ses prêtres. J'admirais la
tenacité de cet homme, et je rendais hommage à son
dévoûment ; mais il m'amusait un peu en prenant au
sérieux son rôle difficile de petit pape. En descendant
l'escalier de ce petit Vatican où siége la *Commission
exécutive*, je me disais : « Ils sont cinq là-dedans,
et comme M. Cadiou ne compte pas, ils ont encore
de l'esprit comme quatre. Dès lors je ne comprends
pas qu'en brassant leurs papiers, ils puissent se re-
garder sans rire. »

XVII

Malgré l'activité fébrile de certains meneurs, la prétendue Réforme entre en agonie, au moins dans la Suisse française. Elle a pour adversaires les vrais catholiques, les protestants orthodoxes, toutes les familles qui ont quelque tenue, toutes les âmes honnêtes qui ont quelque souci de la justice. Elle n'a d'autre vigueur que la vigueur factice qu'elle emprunte au gendarme; or, en matière confessionnelle ou religieuse l'appui du gendarme est toujours compromettant. Les libéraux remplissent les urnes et trouvent que c'est assez, mais ils se trompent : Si pour faire un civet il faut un lièvre, il faut, pour faire une église, au moins un peu de religion.

Malheureusement cette machine sans moteur coûte plus cher qu'elle ne vaut. Il faut énormément d'argent pour entretenir ce culte bâtard que personne ne fréquente, et ces prêtres viveurs qui ont tous épousé des femmes sans dot. Chaque sermon de M. Chavard coûte aux contribuables deux ou trois cents francs. Comme les malheureux Irlandais, les paysans du canton arrosent la terre de leurs sueurs pour entretenir, tout à la fois, les prêtres romains qu'ils vénèrent et les prêtres libéraux qu'ils abhorrent. Cette pensée surtout me révoltait, et j'éprouvais une vive satisfaction à me dire : « Au moins je ne mange plus à cette crèche ! »

Non, je n'oublierai jamais la bienveillance dont je me suis vu l'objet, dans la belle Genève, de la part de certains hommes d'Etat ; mais je me vois obligé de leur dire qu'ils se condamnent au supplice de Sisyphe en poursuivant une œuvre mauvaise. Le *catholicisme libéral* est trop mutilé et trop mal famé pour rallier jamais un seul croyant. D'un autre côté, il conserve encore trop de dogmes ou trop de formes pour séduire ses prétendus adhérents, dont les meilleurs acceptent, tout au plus, la profession de foi du *Vicaire Savoyard*.

Et qu'on ne dise pas que cette farce coûteuse préserve au moins le canton contre le joug de la théocratie. C'est une erreur, car le plus petit martyr vaut mieux, pour servir une cause, que le plus grand apôtre. Toutes les belles âmes sympathisent avec les victimes ; et tel prêtre de village, qui était fort peu écouté dans son église, se voit vénéré dans sa grange. Des deux curés de Choullex le plus puissant, croyez-le bien, n'est pas celui qui arrive à point pour *vendanger la vigne*, mais celui qui, sans se plaindre, la regarde vendanger. Des deux curés de Collonges, le plus fort n'est pas celui qui fait coucher trois gendarmes dans le presbytère où il attend sa fiancée, mais celui dont les paroissiens frémissants arborent, en signe de deuil, le drapeau noir.

Pitié, de grâce, pour tant d'âmes exaspérées, pitié pour tant d'employés qui rougissent de la tâche qu'on leur impose. Assez de presbytères violés, assez d'églises profanées. Ceux qu'on y met ne vaudront jamais ceux qu'on en chasse.

« L'amour est fort comme la mort, » me disait un jour un de ces prêtres salariés ; et il en concluait que sa petite église était immortelle, parce que son clergé est composé d'amoureux. Eh bien ! ces pages sont écrites pour détromper ce viveur. Le jour est proche où le peuple intelligent de Genève se lassera d'alimenter, par son labeur, une vingtaine de petits ménages, dont les services n'égaleront jamais les dépenses. Le jour est proche où les électeurs désabusés feront entendre cette clameur qui soulagera les consciences opprimées : « Plus de violences, plus d'*Eglise d'Etat*, mais lumière, justice et liberté pour tous! » Ce jour-là on entendra quelques soupirs de colombes mêlés à un immense éclat de rire.

Pour moi, fatigué d'une lutte stérile où j'ai laissé ma santé, sans avoir fait ma *pelotte* comme d'autres la font, je cherche des yeux la retraite où je pourrai pleurer, avec mes péchés, mes illusions évanouies. Je ne désire ni l'or ni le bruit, mais ce trésor que le Dante fugitif allait demander à la porte d'un vieux couvent : la paix. Je demande au Ciel surtout de me ménager la rencontre d'un grand homme de bien dont le cœur contienne assez de baume pour panser mes blessures, et me préparer à m'endormir un jour dans le Seigneur.

FIN

Lyon. — Impr. Alf. Louis Perrin et Marinet. — 10-76.

9 782014 459371